U0066871

大法官
Grand Justice

陳俊榮◎著
孟樊◎策劃

謹以本書

紀念先師

荊知仁教授

出版緣起

　　社會如同個人，個人的知識涵養如何，正可以表現出他有多少的「文化水平」（大陸的用語）；同理，一個社會到底擁有多少「文化水平」，亦可以從它的組成分子的知識能力上窺知。眾所皆知，經濟蓬勃發展，物價生活改善，並不必然意味著這樣的社會在「文化水平」上也跟著成比例的水漲船高，以台灣社會目前在這方面的表現上來看，就是這種說法的最佳實例，正因為如此，才令有識之士憂心。

　　這便是我們——特別是站在一個出版者的立場——所要擔憂的問題：「經濟的富裕是否也使台灣人民的知識能力隨之提昇了？」答案

恐怕是不太樂觀的。正因爲如此，像《文化手
邊冊》這樣的叢書才值得出版，也應該受到重
視。蓋一個社會的「文化水平」既然可以從其
成員的知識能力（廣而言之，還包括文藝涵養）
上測知，而決定社會成員的知識能力及文藝涵
養兩項至爲重要的因素，厥爲成員亦即民眾的
閱讀習慣以及出版（書報雜誌）的質與量，這
兩項因素雖互爲影響，但顯然後者實居主動的
角色，換言之，一個社會的出版事業發達與否，
以及它在出版質量上的成績如何，間接影響到
它的「文化水平」的表現。

　　那麼我們要繼續追問的是：我們的出版業
究竟繳出了什麼樣的成績單？以圖書出版來
講，我們到底出版了那些書？這個問題的答案
恐怕如前一樣也不怎麼樂觀。近年來的圖書出
版業，受到市場的影響，逐利風氣甚盛，出版
量雖然年年爬昇，但出版的品質卻令人操心；
有鑑於此，一些出版同業爲了改善出版圖書的
品質，進而提昇國人的知識能力，近幾年內前
後也陸陸續續推出不少性屬「硬調」的理論叢

書。

　　這些理論叢書的出現，配合國內日益改革與開放的步調，的確令人一新耳目，亦有助於讀書風氣的改善。然而，細察這些「硬調」書籍的出版與流傳，其中存在著不少問題。首先，這些書絕大多數都屬「舶來品」，不是從歐美「進口」，便是自日本飄洋過海而來，換言之，這些書多半是西書的譯著。其次，這些書亦多屬「大部頭」著作，雖是經典名著，長篇累牘，則難以卒睹。由於不是國人的著作的關係，便會產生下列三種狀況：其一，譯筆式的行文，讀來頗有不暢之感，增加瞭解上的難度；其二，書中闡述的內容，來自於不同的歷史與文化背景，如果國人對西方（日本）的背景知識不夠的話，也會使閱讀的困難度增加不少；其三，書的選題不盡然切合本地讀者的需要，自然也難以引起適度的關注。至於長篇累牘的「大部頭」著作，則嚇走了原本有心一讀的讀者，更不適合作爲提昇國人知識能力的敲門磚。

　　基於此故，始有《文化手邊冊》叢書出版

之議，希望藉此叢書的出版，能提昇國人的知識能力，並改善淺薄的讀書風氣，而其初衷即針對上述諸項缺失而發，一來這些書文字精簡扼要，每本約在六至七萬字之間，不對一般讀者形成龐大的閱讀壓力，期能以言簡意賅的寫作方式，提綱挈領地將一門知識、一種概念或某一現象（運動）介紹給國人，打開知識進階的大門；二來叢書的選題乃依據國人的需要而設計，切合本地讀者的胃口，也兼顧到中西不同背景的差異；三來這些書原則上均由本國學者專家親自執筆，可避免譯筆的詰屈聱牙，文字通曉流暢，可讀性高。更因為它以手冊型的小開本方式推出，便於攜帶，可當案頭書讀，可當床頭書看，亦可隨手攜帶瀏覽。從另一方面看，《文化手邊冊》可以視為某類型的專業辭典或百科全書式的分冊導讀。

　　我們不諱言這套集結國人心血結晶的叢書本身所具備的使命感，企盼不管是有心還是無心的讀者，都能來「一親她的芳澤」，進而藉此提昇台灣社會的「文化水平」，在經濟長足

發展之餘，在生活條件改善之餘，國民所得逐日上昇之餘，能因國人「文化水平」的提昇，而洗雪洋人對我們「富裕的貧窮」及「貪婪之島」之譏。無論如何，《文化手邊冊》是屬於你和我的。

孟　樊

一九九三年二月於台北

序

　　本書其實應該早幾年（至少在第六屆大法官上任之後的那一年）就已經出版了。「大法官」這個研究課題是我民國七十三年至七十六年於政大唸碩士班時，就已經選定的「專業領域」；後來在臺灣商務印書館出版的《大法官會議研究》，就是我在此一領域專研的一個初步的成績。

　　七十六年碩士班畢業後的數年，我的關注面則從憲法學、政治學轉向文藝理論及文化研究，更一路栽進於八○年代後半葉在臺灣初興的後現代主義思潮中，也逐漸和之前熱衷的西馬學說「分道揚鑣」。「大法官」這個研究領域因此被

我暫時擱置了；而原先擬動手修訂的《大法官會議研究》一書，更因興趣的轉變，致使再版的計畫變得遙遙無期。

所幸民國八十三年我有機會進入臺大三研所攻讀博士學位，幾年之間慢慢地又回到原先研究的老路（憲法學）上來，再度接觸「大法官」的研究領域，有關的論文也開始逐一寫作，於是又有了念頭想改寫或重新修訂《大法官會議研究》一書。然而由於博士班課業吃重以及工作上的繁忙，要想重新寫作《大法官會議研究》一書勢有所困難，才轉而先寫就以「人」為主的這樣一本名為《大法官》的小書；至於與憲法解釋制度有關的其他重要問題，則只能留待他日再予探討了。

本書中的若干篇章已在學術期刊發表，但成書前已經過補綴並重新整編；其中比較分析部分放在結論章中，未能全面深入研究，是為美中不足之處，希望藉此能拋磚引玉，留待有心者的投入，在此基礎上做更進一步深入的分析。

本書從撰述到出版，除了要感謝先師荊知仁

教授外，在碩士班和博士班修課期間，分別授業
於翁岳生大法官和陳新民教授，獲得憲法學的諸
多啓示，在此一併致謝。成書之際，驚聞荊老師
仙逝的噩耗；不旋日，又傳來翁老師晉陞司法院
院長的喜訊，人生際遇，難以預料，端的是百感
交集。博士班同窗陳華與友人廖月娟幫忙蒐集相
關資料，以及洪鎌德教授與李炳南教授的鼓勵，
均銘感於心。至於內子淑玲在生活上多年來的扶
持，則是她知我知了。但盼先進不吝指正。是爲
序。

目 錄

參考書目　293

第一章
緒　論

　　無論是三權分立的國家如美國，或者是五權
分立的國家如我國，司法權都扮演了舉足輕重的
角色。司法權之範圍，狹義而言，乃專指民刑訴
訟之司法審判；廣義而言，則兼指行政訴訟、選
舉訴訟、憲法爭議之審判[1]。一般所謂之「司
法」，均指其廣義之義而言；而司法之職司者，
通謂爲「法官」（judge）。

　　按「法官」一詞，亦有廣義與狹義之分，狹
義的法官專指具有審判任務之官吏而言；廣義的
法官，則兼指檢察官在內。由於司法權係以審判
爲其表徵與內涵，性質上宜獨立行使，因而「法
官」之義，似應採狹義說，而把檢察官排除。由

我國現制言之，依大法官會議釋字第十三號解釋，乃限於各級法院之法官，而不包括檢察官在內，故採狹義說[2]。

　　從狹義說的眼光來看，我國與美國各級法院之法官──當然包括了美國聯邦最高法院大法官（Grand Justice），當屬上述所謂行使司法權之「法官」，殆無疑義。惟我國司法院之大法官，是否即為「狹義之法官」，恐有爭議，對此下文將有所探討。暫且不論大法官是否即為法官，大法官之所以「大」，其詞義多少有別於一般所謂之法官，否則何必冠曰「大」字；即以英文字詞而言，兩者亦有別。是以在論述本書主題之前，有必要先從「大法官」一詞之由來探討之。

一、大法官一詞之由來

（一）我國大法官一詞之由來

　　依我國憲法上之用語，「大法官」一詞（第

七十九條）係與「法官」一詞（第八十條）相對之稱呼。惟在法律上之用語，法官長久以來卻被稱之為「推事」，而推事之名乃民國二十一年國民政府所公布之法院組織法所定。據學者謝瑞智的考據，「推事」一詞則源於宋朝官制有「大理寺置左右推事」之設，推事負推鞫訟事之責，其職掌在推求案情，為百姓平曲直。清末將法官以推事稱之，民國肇造後仍予沿用[3]。惟民國卅五年制定之憲法並未採納之，因而也就無所謂「大推事」之名稱出現。至民國七十八年為符憲法第八十條之規定，立法院乃修正法院組織法，推事一詞始正名為「法官」，而大法官也不會被戲稱為「大推事」了。

　　然則大法官一詞又何由而來？

　　依照原任司法院首席大法官翁岳生（民國八十八年被拔擢為司法院長）的考據，大法官之名稱是在行憲前的政治協商會議中首先被提出來的（見於政治協商會議第十二項憲草修改原則中之第四項：「司法院即為國家最高法院，不兼管司法行政，由大法官若干人組成之。」），在過

去我國早期的許多憲法草案中，並未出現過「大法官」這樣的名稱。至於大法官一詞為何始自政治協商會議中出現，翁岳生有如下之說明：

> 由於戰時我國盟友均為英美法系國家，而敵人則均為大陸法系之德、日，因此在戰後，有一股勢力認為我國戰前是採大陸法系之制度，而戰爭結束後是否應考慮改採英美法系之制度。對此之熱烈討論與法制變革之傾向，使得屬於英美法系制度的「大法官」用語，首次被提出[4]。

蓋在大陸法系國家，法官就是法官，沒有其他的稱呼，但英美法系國家，法官則有 Judge 與 Justice 之區別，如美國聯邦最高法院法官叫 Justice，一般法院之法官則稱 Judge。翁岳生認為，由於制憲者的構想，要使我國的司法院相當於美國的聯邦最高法院，因此司法院的司法人員應稱為「大法官」，以與其他法院之法官有所區別，所以「大法官」乃是第二次世界大戰結束後，在政治協商會議時，才產生的名稱[5]。

（二）美國大法官一詞之由來

大法官之稱呼，主要源自美國（聯邦最高法院），那麼我們有必要再一探究竟，美國所稱之 Grand Justice，則又源何而來？

按美國憲法上之文字，在第三條第一項提及司法權部分，有所謂「最高法院和下級法院兩者之法官」（The Judges，both of the supreme and inferior Courts）之字眼，換言之，Judge 做為「法官」一詞，同時涵括了最高法院及一般（下級）法院的法官。此外，在第二條第二項第二款提及總統須經參議院諮詢及同意所任命之重要官吏中，包括了「最高法院法官」（Judges of the Supreme Court）。依此看來，美國憲法上有關聯邦最高法院法官之稱呼，與一般法院法官並無區別。

然而，Justice 一詞仍始自憲法上的規定。在提及參議院享有審理彈劾案的權力時，憲法第一條第三項第六款做了如下規定：

　　參議院獨自擁有審理所有彈劾案的權
力。參議院在為此目的舉行會議時，參議員
應宣誓或做代宣誓言。在合眾國總統受審
時，首席大法官（Chief Justice）應主持會
議。任何人非經出席參議員三分之二同意，
不得被宣判有罪。

　　Justice 一詞的出現，係規定在上述條款文字
中，而此處所謂的「首席大法官」，依一般的瞭
解，指的即是聯邦最高法院的「院長」。憲法學
者亞伯拉翰（Henry J. Abraham）即言，Justice
此一稱號是專門保留給最高法院的成員的（a
title reserved there to members of the Supreme
Court）[6]。

　　Justice 一詞雖始自美國憲法的規定，但從上
述列舉的條文來看，對於聯邦最高法院成員的稱
呼，有用 Judge，也有用 Justice，顯見美憲制憲
之初，條文用語仍有未予嚴格統一之疏。唯按其
條文文意來看，吾人似可以下這樣的論斷：Judge
一詞係指美國所有法院法官的「通稱」，這當然

也包括最高法院的大法官；至於 Justice——通常與 Grand Justice 連用，則特指聯邦最高法院的大法官，所以它是「特稱」。

推論 Justice 一詞之所以會出現在美憲條文中，當非率性之筆誤，此有其歷史淵源。蓋美利堅合眾國祖先來自大不列顛，而大英帝國的 Justice 一詞，即有指上級（或高等）法院法官之意，其 Chief Justice 即意指 "the judge presiding over the court of King's or Queen's Bench or of Common Pleas"。Justice 一詞被用做「法官」的代稱，或與此字本義含有「正義」之意有關，英文成語 do justice to 即指「公平而論」，大法官職司最高司法審判權，其當「公平而論」，而為公正、公平、正義之化身或代言人。Justice 此字源出拉丁文 Justitia，本身即指「正義、公平」而言，以正義、公平來代稱最高法院之大法官，其尊崇及期許之意，不言而喻。

二、大法官之地位

（一）我國大法官之地位

　　大法官名稱之由來已如前節所述，惟其於政府體制中位居何種地位，則有必要進一步探討之。

　　大法官之地位如何，此一問題實與我國司法院本身之建制息息相關。考制憲之初，制憲者有意引進美國聯邦最高法院之制，將司法院比擬為聯邦最高法院，仿其建制及職權設置，原先的憲法草案即賦予大法官掌理「民刑事與行政訴訟之審判及憲法之解釋」之權。民國卅五年十一月廿七日由國民政府送請制憲國民大會審議的憲法草案第八十二條規定：「司法院為國家最高審判機關，掌理民事刑事行政訴訟之審判及憲法之解釋」；第八十三條則規定：「司法院設院長一人，大法官若干人，由總統提名，經監察院同意任命

之」；第八十六條亦規定：「司法院有統一解釋法律及命令之權」。依此看來，顯然憲法草案之設置，是要將所有司法院之司法權交由大法官掌理。換言之，大法官享有類似美國聯邦最高法院大法官之「最高司法權者」的地位。

然而，憲法草案送交制憲國大審議後，幾經演變，前後條文經過調整修改後，終成現在條文通過。雖然文字和文意與原先國民政府初擬的憲草條文有所出入，惟制憲國代諸公仍保有憲草「賦予司法院以完整司法權」之本意。司法院後來之所以會採取今天這種制度型態，也即在司法院之下，另設最高法院、行政法院、公務員懲戒委員會等機關，將憲法第七十七條所規定之事項交由司法院所設下級機關來掌理，僅將憲法第七十八條之職權保留予大法官，此係司法院組織法的「傑作」[7]。由於司法院組織法的規定，大法官遂無法擁有完整的司法權，依憲法第七十八條所賦予其「解釋憲法，並有統一解釋法律及命令之權」看來，大法官只能是「最後權威的釋憲者」。

　　具備「最終權威的釋憲者」地位的大法官，於其行使職權時「須超出黨派以外」，「不受任何干涉」，因此宜將其比擬爲一般法官納入憲法第八十條的規範。但是若將大法官納入憲法中第八十條規範中，又會滋生大法官是否爲法官的爭議，也即大法官是否具備一般法官的地位？

　　由於有底下兩點考慮，學者陳新民氏對此問題乃有所保留[8]：

　　(1)不論大法官是否爲終身職，其任命（詳見第二章）不免具有高度的政治意義和政治運作，與一般法官純爲司法專業不同；大法官既擁有一般法官所沒有的「最終釋憲權」，憲法之旨意乃極爲明確，其兩者應爲不同的制度設計。

　　(2)大法官現採九年任期制（修憲後於民國九十二年起改爲八年任期），非類似美國最高法院大法官之終身制，自難以適用憲法第八十一條之規定。同時，憲法第八十一條之目的旨在保障法官能夠勇於獨立審判，而使其自身的權益不遭到損害，這是對法官之爲特別性質的公務員，在

規範一般公務員的紀律制度及身分規定的基礎
上，所爲更嚴謹的保障規範；但大法官可比擬爲
特別的政務官（現爲特任官），並無類似上述法
官之爲特殊公務員的地位，也因此無須援引有關
紀律與身分保障的規定。

於此，陳新民氏下了結論，謂大法官一職「仍
非憲法所『獨鍾』其身分保障的『法官』概念」。

除此之外，由於民國八十六年第三屆國民大
會再次修憲（共十一條條文），新近通過的憲法
增修條文第五條第三項規定大法官「組成憲法法
庭審理政黨違憲之解散事項」，使得大法官成了
「政黨禁止」（party prohibition）制度的「審判
機關」[9]，在憲法上多了一重身分；更由於同條
第四項的規定（「政黨之目的或其行爲，危害中
華民國之存在或自由民主之憲政秩序者爲違
憲」），使其「憲法守護者」的地位更形突出。

(二)美國大法官之地位

屬於聯邦體制的美國，基本上有兩套並行的

法院系統，即聯邦法院系統與各州的州法院系統。前者根據聯邦憲法及國會法律設立，後者則由各州設立，兩者各有其管轄權，在組織上沒有隸屬關係。聯邦最高法院係聯邦法院系統的最高層級法院，在三權分立的美國政府體制中，與其他行政（總統）、立法（參眾兩院國會）兩權，鼎足而立，大法官的地位，不言可喻。

　　如果按法院設立的根據和職能來說，可以把聯邦法院分成憲法法院與立法法院兩類。憲法法院是根據聯邦憲法第三條設立的，法官任期終身，薪資及司法獨立性均受該條保護；立法法院是根據憲法第一條設立的，法院的設立、變更，法官的任期（有年限）、待遇，均由國會決定。所以，憲法法院的地位受到憲法本身的保護，而立法法院的地位則不是一成不變的，可以由國會的法律變更或撤銷[10]。聯邦最高法院係憲法法院，大法官的地位也因而受到憲法的保障。

　　性屬憲法法院的聯邦最高法院，係居於美國司法系統的頂端，它的裁決是終審裁決，在重判例的英美法系中，具有舉足輕重的地位；尤以司

法審查權（judicial power）的確立，使最高法院成為世界上最強而有立的法院之一。亞伯拉罕甚至將其與英國王權相比，並說它不僅僅像英王那樣是個象徵，而是握有實權，「它能使國會、總統、州長及立法者就範」[11]。目前聯邦最高法院只有九位大法官，雖然其須經總統任命，且須獲得國會（參議院）的同意（詳見第三章），但這些大法官所享有的「政治地位」，較諸一般的國會議員和內閣部長，有過之而無不及。有時它所做的裁決，影響力甚至大過總統，地位之高，無與倫比。

三、本書寫作目的及架構

（一）本書寫作的目的

　　如上所述，大法官之地位，無論在我國或美國，均如此重要，對其自當有探究之必要。大法官何許人也？這樣重要的人物又是如何產生

的？類似問題，不僅為大眾所關心，也是國內政治重要的一環。

　　大法官何許人也，此問題涉及大法官背景的研究，所謂「背景」，這包括大法官的資格、年齡、性別、籍貫（或出生地）、工作經歷、黨籍等等，關於這一問題的分析，美國學者對其大法官背景所做的研究，迭有佳績（如亞伯拉翰、包姆等人；參閱本書後面所附參考書目）；反觀我國，這類研究成果極少（除了政大政治系劉義周教授早年所做過的研究外；參閱本書參考書目），雖然社會大眾關心，卻不見更新、更翔實的研究出現。當然，更難見到我國學者對美國大法官背景的分析。

　　至於大法官本身又是如何產生的，此問題事實上是和上一問題密切關聯的：大法官如何選任，率先便牽涉到對其人選背景的考量；而選任結果，又會形成大法官的背景特色。這一問題的研究，在美國學界有很豐富的成果；和上述問題一樣，在我國學界，雖然一般大眾及媒體關心，亦少有人對之加以研究（政大法律系法治斌教授

曾做過研究；參閱本書參考書目）；學者關心的
焦點多半集中在對大法官（會議）功能及其建制
上的探討。

　　為了彌補對此問題研究上的缺憾，本書在題
為「大法官」書名的構想下，擬針對大法官「人」
的對象予以探討，也即針對大法官的選任過程以
及大法官的背景進行分析。由於如上所述，我國
設置大法官之構想（包括此一稱詞）主要係來自
美國聯邦最高法院，追本溯源，除了探討我國大
法官的選任過程及背景外，亦對美國聯邦最高法
院大法官一併討論，同時也對兩國大法官的選任
過程與背景予以比較，加深吾人對「大法官」的
瞭解。

（二）本書寫作的架構

　　如上所言，本書寫作目的不在對大法官的表
現（如解釋案）、組織建制、功能演變等加以探
討，僅就「人」的問題加以分析，而有關大法官
「人」的討論，則取其選任過程及背景分析之。

　　首先，在第一章導論部分，一開始先對「大

法官」一詞之由來予以闡明：我國大法官名稱之
由來，主要係源自美國；而美國大法官一詞原見
諸美國憲法，惟其名稱更可推於英國法制。繼而
論及大法官的地位，蓋研究「人」的問題，離不
開其所居位置（即地位）的討論；由於中美雙方
法院建制的不同，因而兩國大法官所占的地位也
有所差異。大法官居於何種地位的討論結束後，
就可以談談本書的寫作目的與架構了。

　　從第二章開始，真正進入本書主題的探討
中。第二及第三章分別討論我國及美國大法官的
選任過程，兩者雖然都須經代表國家元首的總統
提名及任命，並且須獲得國會之一（我國先是監
察院，後改由國民大會；美國則爲參議院）的同
意，但是由於國情的不同，兩者的過程仍有差
異，而且法制規定往往不能反映實際狀況。

　　接下來第四及第五章則分別分析我國與美
國大法官的背景，這方面的資料取得有點困難
性，尤其是在我國。在第四章我國大法官背景方
面，分析的項目有法定資格、年齡、性別、籍貫、
學歷（教育）、經歷與任命資格、黨籍等；在第

五章美國大法官背景方面，分析的項目包括年
齡、州籍（居住地區）、家庭背景（出身）、教
育、職業、黨派、宗教、種族與性別等。分析的
項目，兩者之所以有差異，當然和國情的考慮有
關，如宗教因素在我國的政治現實中（甄才的標
準）就比較不那麼重要。

　　最後第六章結論部分，將在上述各章的基礎
上進一步比較我國與美國大法官的選任過程以
及大法官背景之間的異同；同時也提出建言，提
供研究者及政治決策者參考。

註　釋

[1]林紀東，《中華民國憲法逐條釋義》（第三冊），
　台北：三民書局，民國七十一年一月，頁四。

[2]謝瑞智，《憲法大辭典》，台北：地球出版社，民
　國八十年九月，頁一九四。

[3]同前註。

[4]翁岳生，〈大法官功能演變之探討〉，收入氏著《法
　治國家之行政法與司法》，台北：月旦出版公司，
　民國八十六年四月，頁四一四。

[5]同前註。

[6]Henry J. Abraham, *The Judiciary: The Supreme Court
　in the Governmental Process* (Boston: Allyn and
　Bacon, Inc., 1983), p.150.

[7]翁岳生，前揭書，頁四一四～四一六。

[8]陳新民，《中華民國憲法釋論》，作者自刊，民國
　八十四年九月，頁八五四。

[9]可參閱陳俊榮，〈我國政黨禁止制度之研究〉，《近
　代中國》第一一二期，民國八十五年‐四月，頁二○
　三～至二○五。

[10]李道揆，《美國政府與政治》，北京：中國社會科
　學出版社，一九九○年九月，頁四九五。

[11]Henry J. Abraham, *The Judicial Process: An Intro-*

*ductory Analysis of the Courts of the United States ,
England , and France* (New York : Oxford University
Press , 1980) , p.179.

第二章
我國大法官之選任過程

　　關於憲法與法令的解釋制度，世界各國採行的方式大體有三：一為司法機關解釋制；二為立法機關解釋制；三為特設機關解釋制。依我國憲法第七十八條：「司法院解釋憲法，並有統一解釋法律及命令之權」及第七十九條：「司法院設大法官若干人，掌理本憲法第七十八條規定事項……」之規定，只能確定「立法機關解釋制」之可能性已被憲法條文所排除，但究竟是採司法機關或特設機關解釋制，依其文意，尚難斷定。唯依制憲者之意，當初以政協憲草為基礎所擬定之憲法草案，「是要大法官也辦理民事、刑事、行政訴訟之審判及憲法之解釋」，

亦即所有司法院之司法權均交由大法官掌理
[1]，如此看來制憲者最初之意，關於憲法及一
般法令的統一解釋，擬採行的是司法機關解釋
制。

　　然而，由於現行憲法關於解釋制度之規定
過於簡略，有待立法為之補充，因而立法院於
民國三十六年三月卅一日制定司法院組織法，
其第三條即規定：「司法院設大法官會議，以大
法官十七人組織之，行使解釋憲法並統一解釋
法律命令之職權」，大法官會議一詞，始見諸法
律。該法雖未對大法官會議解釋權行使之程序
等詳為規定，惟既設大法官會議專掌憲法解釋
與法令統一解釋之事宜，則我國法律採特設機
關解釋之制度因而奠立。司法院組織法後來雖
經立法院三次的修定，同條文字增刪的結果，
基本上並未改變此一解釋制度；不惟如此，該
法於民國八十一年十一月二十日第三次修正通
過後，依憲法增修條文的授權，另賦予十七位
大法官組成憲法法庭，審理政黨違憲之解散事
項之權。嗣後，大法官不僅可以組成大法官會

議，行使解釋憲法及統一解釋法令之權，並且
得以組成憲法法庭，如上所述，審理政黨違憲
之解散事項。

　　上述解釋制度之建立，有賴解釋者大法官
予以完成，則大法官本身包括它的產生程序，
也成了建制之一部分，畢竟大法官的表現，對
於解釋制度之成敗，具有重大的影響，因而選
擇何人出任大法官，便直接關涉到解釋制度本
身，也間接影響到解釋成績的表現。然則，司
法院大法官如何產生，法令規定的程序如何，
其與實際的選任過程是否相一致，凡此皆爲本
章探討之主旨。

　　自行憲伊始迄至第五屆大法官的就任，經
歷任總統五次提名、六次補提名之大法官人選，
總數共有一百零五人次，其中有二十七人次屬
連任（有五人連任三次，十七人連任兩次），故
提名人數共有七十八人。七十八位被總統提名
（包括補提名）之大法官人選，爲監察院同意
者有七十三人，五人未爲監察院接受；監察院
同意而未就任者有四人（江庸、郗朝俊、李浩

培及張劍寒），而任內轉任其他公職者有三人（田
烱錦、戴炎輝、林彬）[2]。

　　第五屆十六位大法官自民國七十四年十月
二日經監察院同意任職以迄於八十三年十月卸
職，九年任期內雖有范馨香及楊日然兩位大法
官先後去世，亦未經總統補提任，然其做成的
一百六十七號解釋及所議決的二千三百七十四
件不受理案，卻爲之前歷屆之冠，不惟如此，
其所爲之一百六十七號解釋中，在在不乏影響
政治變革甚鉅之解釋案，成績有目共睹，致使
接續之第六屆大法官人選的提名，格外引人注
目，即那些人有資格出任第六屆大法官，而能
在上一任所立下的「汗馬功勞」上做出更爲輝
煌的成績。

　　此外，第五屆大法官就任於解嚴前的七十
四年，七十六年七月總統宣布解嚴後，國內政
經社環境丕變，至八十三年十月第五屆大法官
卸職前夕，已歷經三階段的修憲，政黨林立，
並且首次省市長選舉在即，各種媒體蓬勃發
展……政治氣象煥然一新，可謂「今非昔比」。

在這種情況下，「第六屆大法官提名的環境背景，顯然迥異於以往；加以八十一年五月第二階段修憲時，對於大法官的產生程序做了不同的規定，修改憲法第七十九條所定的須由監察院同意之程序，使得第六屆大法官的選任，不論在實際政治或法規制度上，均面臨一個全然嶄新的局面，有值得另外一探究竟的必要。

一、大法官法定的產生程序

一般而言，世界各國關於其解釋機關之構成員——大法官的產生程序[3]，有五種不同的步驟，即提名、選舉、商議（或建議）、同意和任命；就我國而言，則分為三個步驟，即提名、同意和任命，此一法定的產生程序見之於憲法（第七十九條第二項）及其增修條文（第五條第一項）的規定，惟憲法增修條文內容和其本文略有差異，即其所定同意機關不同。底下分就外國法制及我國法制上關於大法官如何產生

之規定加以探討。

(一)外國法制上的設計

　　大法官由於其地位崇高，責任重大，往往具有規範憲政體制的功能[4]，因而其任用資格與產生程序一般常見之於憲法。如上所述，各國憲法關於大法官之產生程序，大致有五種不同的步驟，即提名、選舉、商議（或建議）、同意和任命；但並非每一國家的大法官產生程序全具備以上這五個步驟。因為繁簡程度的差異，各國法制上（指憲法之規定）對其大法官產生程序之設計，可分為下列幾種[5]：

　　(1)僅由元首任命，惟其任命時須與有關單位商議，或考慮他人的意見。如馬來西亞聯邦憲法第一一二條之規定，元首於任命最高法院院長時，須與統治者會議商議，並考慮內閣總理之意見，惟得自由裁奪；於委任最高法院大法官時，應與統治者會議商議，依司法與法律委員會之建議任命。

(2)元首於有關單位提出之名單中任命之。如比利時憲法第九十九條之規定，其最高法院大法官，係由國王自該院與上議院分別提出之兩份名單中任命之。

(3)由元首提名，經民意機關同意後，再由元首任命。如美國聯邦憲法第二條第二項之規定，總統提名聯邦最高法院大法官，經參議院勸告及同意後任命之。

(4)由元首任命，但須經內閣會議與國會之同意。如巴拿馬共和國憲法第一四四條之規定，總統任命最高法院大法官（及候補大法官），以內閣會議一致之贊同及國會之同意爲條件。

(5)僅由民意機關選舉之。如德國憲法第九十四條第一項之規定，其聯邦憲法法院的大法官，係由聯邦眾議院和參議院各選出半數出任。

(6)由不同單位分別選任之。如義大利憲法第一三五條之規定，其憲法法院之大法官，三分之一由共和國總統，三分之一由國會聯席會議，三分之一由最高普通法院及行政法院選任之。

　　(7)僅由內閣任命即可，但經一段時間後，須交付國民「審查」。如日本憲法第七十九條之規定，最高裁判所（長官以外）之裁判官（即大法官），由內閣任命之；惟應於任命後，舉行眾議院議員總選舉時，交付國民審查，經過十年後，並應於舉行眾議員總選舉時，再交付審查，以後亦同。

　　從上述七種不同類型的選任型態來看，在各國憲法對於其大法官產生程序的規定中，有權決定大法官人選的機關，通常都集中在元首（總統、國王）、內閣和國會（民意機關）三者身上，至於三者之中誰享有更大的權力，則多半與其政府體制係採內閣制或總統制有著極大的關係，如為內閣制國家，內閣及國會多數享有較高的決定權，相對地，元首的決定權（提名或任命）便要受到相當的節制，其中像德、日兩國甚至乾脆排除總統和天皇的介入；倘係總統制國家，例如美、菲兩國，總統的提任權（提名與任命）雖要受到其他機關（美國參議

院、菲律賓任命委員會）的牽制，惟實際上則
享有決定人選的權力。至於諸種不同的選任型
態中究竟應採何種設計最爲適宜，則須視各國
不同的國情（包括上述所說的政府類型）而定，
不能一概而論。

（二）我國法制上的設計

　　我國關於司法院大法官的產生程序，如上
所述，憲法第七十九條及其增修條文第五條（八
十六年七月第四次修憲）分別各有不同的規定，
即第一至第五屆大法官，其產生程序適用憲法
第七十九條之規定，第六屆新就任的大法官，
則適用憲法增修條文（八十三年七月第三次修
憲）第四條之規定。除了憲法及其增修條文的
規定，司法院組織法也間接做了有關選任規定
的補充，其第三條謂：「司法院置大法官十七人，
審理解釋憲法及統一解釋法令案件」[6]，亦即
對憲法（及其增修條文）所未明定之大法官名
額，爲之做了十七名人數之具體規定（最近一
次八十六年七月的修憲，大法官名額則減爲十

五人）。

　　此外，司法院組織法第四條同時亦對總統
所提名之大法官人選的資格做了補充性的規
定，即大法官應具有下列之一種資格：

　　(1)曾任最高法院法官十年以上而成績卓著
者。

　　(2)曾任立法委員九年以上而有特殊貢獻
者。

　　(3)曾任大學法律主要科目教授十年以上而
有專門著作者。

　　(4)曾任國際法庭法官或有公法學或比較法
學之權威著作者。

　　(5)研究法學，富有政治經驗，聲譽卓著者。

　　不僅如此，總統在提任大法官時，尚須遵
照同條第二項的規定，即總統所任命之上述任
何一款資格之大法官，其人數不得超過總名額
的三分之一。

　　司法院組織法的規定，表面上看雖和大法
官「產生程序」無直接關係，但在選任過程中

對行使提任權及同意權的機關仍有「規制作
用」，相關機關不能不遵守，故可看做是法制程
序中的一環，必須合併來看。世界各國對其大
法官的選任，在人選的資格方面，法律上有做
限制（如德國聯邦憲法法院法）亦有不做限制
（如美國）者，依上所言，則我國顯然採行的
是前者的方式。

　　關於憲法及其增修條文對大法官產生程序
的不同規定，茲進一步闡述如下。

1.憲法本文的規定

　　憲法第七十九條第二項規定：「司法院設大
法官若干人，掌理本憲法第七十八條規定，由
總統提名，經監察院同意任命之」，意即大法官
之產生，須經總統提名、監察院同意以及總統
任命三道手續，基本上此一產生程序和美國聯
邦最高法院大法官的選任過程相似，換言之，
中美兩國大法官皆由其國家元首總統提名和任
命，但在提名和任命中須經民意機關的同意，
在我國同意權機關爲監察院（第二階段修憲前
爲間接民意機關），在美國同意權機關則爲參議

院。

　　職是，有論者認為憲法第七十九條係效颦美憲之規定，以監察院同意之手續比做美國參議院「勸告及同意」之手續。惟亦有論者不表同意[7]。蓋「經監察院同意」此一手續，實係對總統提任權之一種「節制」；惟由於監察院本身係選舉而來，監察委員亦有黨派色彩，則總統為使其提名人選能獲監察院同意，勢必提名監察院所能接受之人選，亦即監察院多數黨所屬意之人選。不過，若從美國參議院行使同意權的經驗來看，卻未必盡然[8]。從另外一個角度看，由另一機關行使同意權，以「參贊」（而不是「節制」）總統提任權之行使，實為必要，且此「參贊權」由具有民意基礎之機關行使，殊為合宜[9]。

　　至於由監察院行使同意權，其理由不外[10]：

　　(1)同樣具民意基礎之國民大會與立法院，較不適於對大法官之任命行使同意權。蓋依憲法第二十七條規定，國民大會已可用選舉、罷

免兩權控制總統,又可以修改憲法與複決立法院所提之憲法修正案兩權,控制大法官會議之釋憲權,實毋須另具牽制總統提任大法官之職責;加諸國民大會組織龐大,議論盈庭,亦不宜擔負選賢與能之任務。而立法院既得向國民大會提憲法修正案,以推翻憲法解釋例,亦得制定法律,以推翻法令之統一解釋例,又可以立法權控制大法官會議之權限,則立法院即沒有對大法官之任命再行使同意權之必要;何況立法院之立法權與大法官會議之違憲立法審查權,在性質上並不相容。

(2)監察權之功能,在於監督行政權之行使,既與行政權對立,當更能發揮監督總統行使提任權之作用,維護審查法律與命令之大法官會議的獨立地位。而監察院職司糾彈官箴,當更具識人之長,勝任選任賢能之務;且為便於大法官出缺時繼任人選之選任,亦宜由常設之監察院行使此項同意權。

2.憲法增修條文的規定

八十一年五月廿七日第二屆國民大會臨時會通過第二階段修憲之增修條文（第十一條至第十八條），對上述憲法本文關於大法官的產生程序做了修正。其第十一條第一項謂：「國民大會之職權，除依憲法第二十七條之規定外，並依增修條文第十三條第一項……之規定，對總統提名之人員行使同意權」，而第十三條第一項的規定則為：「司法院設院長、副院長各一人，大法官若干人，由總統提名，經國民大會同意任命之，不適用憲法第七十九條之有關規定。」換言之，大法官的產生程序由總統提任的程序並未改變，但同意權之行使則由監察院手中轉到國民大會手裡。

與此同意權行使機關改由國民大會行使相配合的措施厥為國民大會開會的規定。按憲法第二十九條之規定，國民大會常會為六年始召開一次，如屆大法官改選之年，未能逢上國民大會常會之召開，則國民大會無從行使同意權之機會，總統也不能任命次屆續任之大法官，

因憲法第三十條所列國民大會可召開臨時會之四種情況皆不適用；雖云其第四種臨時會可由「國民大會代表五分之二以上請求」而召開，若逢大法官改選時，可採此一方式召開臨時會行使同意權，惟以此種臨時會召開之方式行使同意權究屬不合常理，何況屆時若請求召開臨時會之國大代表未達五分之二人數則又如何？是故第二階段修憲之增修條文第十一條第二項始規定，國民大會行使大法官的任命同意權時，「由總統召集國民大會臨時會爲之，不受憲法第三十條之限制」[11]。

上述第二階段修憲之條文，經八十三年七月廿八日第三階段之修憲，由於未採美式逐條增修原則，連同新增之規定，將第一和第二階段合共十八條之增修條文濃縮合成十條條文，其關於大法官的產生程序仍維持第二階段修憲的規定，同意權依舊由國民大會行使（八十六年的修憲仍保留），增修條文第一條第三項第六款及第四條第一項之規定，基本上係承襲第二階段修憲之增修條文第十一條第一項及第十三

條第一項而來（第三階段第四條第一項文字則
和第二階段第十三條第一項文字完全一樣）。不
同之處在於，第三階段之修憲已將「由總統召
集國民大會臨時會」行使大法官任命同意權第
二階段修憲之規定刪除，因爲國民大會既然每
年都須集會（第三階段修憲增修條文第一條第
五項），自然會有行使同意權之機會，不必再由
總統召開國民大會臨時會爲之了。

　　值得吾人注意的是，第三階段修憲之增修
條文第二條第二項之新規定：「總統發布依憲法
經國民大會或立法院同意任命人員之任免命
令，無須行政院院長之副署，不適用憲法第三
十七條之規定」（八十六年之修憲仍保留此規
定），對行政院長的副署權做了部分的限制，亦
即總統提任大法官不再經行政院長副署。副署
制度有兩種意義，一是表示同意，二是表示負
責，對於自己不同意之事，沒有副署的義務，
已故政治學者薩孟武教授即謂：「總統行使職
權，須經行政院長副署，就是總統行使職權，
須經行政院長同意。」[12]依此說法，副署權即

同意權，那麼總統提任大法官，事先即須行政
院長同意。憲法學者胡佛教授便認為，行政權
不同於元首權，大法官的提名權是行政權的一
部分，不是元首權[13]，因而決定誰將出任大法
官的權力在行政院長而不在總統身上；或者只
能說大法官人選係由總統和行政院長共同決
定，蓋總統有提任權而行政院長有副署權。

　　惟此一問題仍須進一步辯明。按總統之提
名與任命大法官，前者慣以咨文提名，後者則
用任命令形式發布，而行政院長的副署，究竟
是指「咨文副署」或「命令副署」？抑或是總
統的提名咨文及任命令均須副署？以上述說法
來看，係主張「咨文副署」，蓋若係「命令副署」，
則行政院長之副署將失其實質意義——在同意權
機關行使同意權之後，行政院長豈能不予副署？
如此一來便與憲法第三十七條副署制度之精神
有所扞格。然而，行憲迄今，總統提名前五屆
之大法官，而送請監察院行使同意權的咨文，
均未由行政院長副署[14]，是以胡佛教授始語重
心長地指出：「這是大錯特錯的！」[15]顯然，第

二屆國民大會絕大多數的修憲諸公對上述問題採取了「命令副署」之說，既然行政院長對業經國民大會同意後的大法官被提名人沒有不予副署的理由，那麼與其仍形式上保留徒具虛表的副署權，不如反映現實，直接刪除算了。

至於改由國民大會行使同意權，其理由不外：

(1)經第二階段修憲後，監察院已非民意機關，喪失當初由民意機關「節制」或「參贊」總統提任權之行使的用意。餘下兩個中央民意代表機關，如果改由立法院行使同意權，在立法權已過於膨脹的今天，不啻再增大其權限，恐非適宜。

(2)依照憲法構置的政府體制來看，改由國大行使同意權較諸立法院更爲適宜，蓋國民大會和總統的關係遠較立法院密切，雖然第三階段修憲後，國民大會喪失選舉總統的權力，但仍擁有提出總統罷免案及議決總統彈劾案的權力，總統尚須受到國民大會的「控制」，故若由

國民大會以同意權來「節制」總統對大法官的
提任權，洵爲順理成章之事。

（3）第二屆國民大會代表人數已從第一屆應
選名額的三〇四五名銳減爲三二五名，換言之，
其組織已不似從前那樣龐大了，議事的運作自
然會順暢一些；另外，國民大會在第二階段修
憲後已改爲每年集會，自不虞無行使同意權之
機會，已如前述。同時，第二階段修憲尙賦予
國民大會「得聽取總統國情報告，並檢討國是，
提供建言」的職權，條文文字雖云「得」，但李
登輝總統在國民大會集會時均前去做國情報
告，似成慣例，則若以「參贊」角度來看，由
國民大會行使同意權，殊爲合理。

二、大法官實際的選任過程（一）
　　──第一屆至第五屆

依憲法本文之規定，如前所述，大法官的
產生須經提名（總統）、同意（監察院）及任命

（總統）三道手續，甚至還要加上副署（行政
院長）此一手續；然而實際運作的情形，由於
提名專案小組、執政黨（中常會、組織工作會、
政策委員會）及其他人士的介入參與，致使大
法官的選任過程不似法制上之規定那樣單純，
自提名前人選的自薦和推薦活動開始，歷經提
名小組的審查及建議、總統對建議名單的核定、
執政黨（國民黨）中常會的核議、總統的正式
提名、執政黨組工會和政策會的協調、監察院
的同意，以至於總統最後的任命，大致有八個
步驟，遠比憲法的規定複雜[16]。如前所述，由
於前後的規制有所差異，因而第一至五屆大法
官實際的選任過程與第六屆大法官便有了很大
的改變，是以分別討論之。本節先就第一至五
屆大法官產生的過程，依序說明如下：

（一）自薦或推薦

在每屆大法官任期結束之前幾個月，大法
官的提名活動可謂已非正式的展開了。在總統
所指定的提名專案小組成立前，角逐者便透過

自薦或邀人推薦的方式展開「活動」，這些經過自薦與推薦所匯集而成的名單，便是提名小組所據以考慮的「參考人選」，故設法成為這份名單上的「參考人選」，乃是被提名為大法官的第一個步驟。

1.推薦者

諸如國民黨中央黨部秘書長、中央常務委員、司法院長及副院長、立法院長、監察院長與副院長、立法委員、監察委員、總統府資政、戰略顧問（退休將領）、退休大法官、行政院政務委員、次長、本省籍耆宿……均曾為大法官「參考人選」的推薦人。至於推薦的單位則有國民黨中央黨部、國家安全會議、司法院、國民黨革命實踐研究院、民社黨及青年黨等。而副總統及總統府秘書長除推薦人選外，亦負責將自薦或推薦的名單「轉呈」。就推薦人而言，其中尤以司法院長及國民黨中央黨部秘書長所扮演的角色最為重要；特別是司法院長，在任期中大法官出缺時的補任，總統提名的依據，率以司法院長所提供之人選為準[17]。而就推薦

單位而言，亦以司法院及國民黨中央黨部所推薦之人選，獲提名之機會較大。

　　以美國總統提名聯邦最高法院大法官之情形而言，律師協會（ABA）及一些法律團體、司法部長、參議員、在位的大法官等，對總統提名大法官的人選，或多或少均具有影響力，特別是司法部長，可說是影響總統決定大法官人選的一個最重要的參與者[18]（參閱第三章）；反觀吾國，行政院法務部長對總統提名大法官之影響，並不像某些學者所認為的那樣重要[19]，此一差異或因中美兩國政府體制不同所致，蓋美國司法部長隸屬於總統，而我國法務部長則隸屬於行政院，同時還有司法院長可供總統諮詢。

　　另外，由立委、監委所推薦之人選亦不在少數，監察委員雖享有立法委員所無之同意權，但其影響力並不一定較立法委員來得大。而在位之大法官則不像美國大法官，有向總統「遊說」的情形，最多只為自己下屆連任自薦，而未有為他人推薦之情形發生，此或因我國大法

官任期只有九年（第四次修憲前），並非如美國大法官之終身職然，亦未必能連任，故對其下一任之「同僚」未必感興趣；且除非其不欲連任，否則爲他人作嫁即等於減少自己連任之機會，因之，至第四屆爲止，僅有一卸任之大法官爲他人推薦而已[20]。至於我國律師公會，亦不如美國律師協會那樣對總統提名大法官人選可以發生一點影響力，即連「參考名單」上，亦未見有由它及其他法律團體推薦者。

　　最可注意者乃由民社黨、青年黨兩黨所推薦之人選，始終未爲總統與提名小組所垂青。除了第三屆兩黨均未推薦人選外，第一、二屆兩黨均曾推薦人選，第四屆青年黨亦有推薦人選，惟除第一屆的沈家彝、周蜀雲（後者監察院未予同意）經提名外，第一、二、四屆兩黨所推薦之周宏基（民社黨）、周蜀雲、展恆豪（青年黨），均未爲總統所提名；考其原因，若非因政治性考慮外，則諒必係提名小組認爲其所提人選無法爲監察院黨籍監委所接受。事實上，民、青二黨所推薦這三位人選，學經歷堪爲一

時之選，周蜀雲且為留法之法學博士。

2.自薦者

其數目雖較諸推薦者為少，但不乏被提名者。以第二屆言，自薦者共有四人，這四人之中尚有三人另有其他人的推薦；而該屆大法官胡翰、曾劭勳病故出缺後之補任，亦有考試委員向總統府秘書長自薦。第三屆大法官選任時之自薦者，則亦有五人，包括大學法學教授、卸任及原任大法官、考試委員等，其中只有一人被獲提名。第四屆之自薦者有十五人（被推薦者有三十四人），其中被提名為大法官者有四人，比例高達26％。

（二）提名

1.提名小組的成立

總統提名大法官，依照慣例均先指定提名小組（四至七人）負責提供人選。提名小組的人員通常包括副總統、總統府秘書長、司法院長、國民黨中央黨部秘書長及國家安全會議秘書長[21]。此和美國大法官之選任，通常都是總

統一人的傑作不同，美國總統選任大法官，從未聞有所謂專案小組之成立[22]，此或與其非集體任命有關。以第四屆為例，提名小組成員包括：總統府秘書長鄭彥棻、司法院長田烱錦、國民黨中央黨部秘書長張寶樹及國家安全會議秘書長黃少谷四人。

2.提名小組的權責

可分三項言之——

(1)審查「參考人選」名單：提名小組首先將各方推薦或自薦的名單匯集起來，予以審查，以第二屆為例，七人提名小組所審查的名單計有：(a)前司法院長王寵惠所保舉之名單。(b)現任司法院長謝冠生所保舉之名單。(c)各方人士所推薦或自薦之名單。(d)原任大法官之名單（以上共計五十六人）。再以第四屆為例，四人提名小組所審查的名單共有五份：(a)現任大法官十二人之名單。(b)總統府所收各方推薦與自薦之名單。(c)國民黨中央黨部遞送之名單。(d)司法院遞送之名單。(e)國家安全會議轉送之名單。名單上「參考人選」計有六十人之多。

(2)決定提名原則：提名小組在審查「參考人選」名單後，即擬定提名之原則，這些原則通常包括：(a)決定擬提的人數。(b)現任大法官連任的標準。(c)年齡的上限。(d)省籍的考慮。(e)黨籍的考慮。(f)性別的考慮。(g)司法院組織法的限制。以第五屆爲例，提名小組所決定的提名原則有：(a)現任大法官年逾六十五歲者不再提名，新任大法官年齡不應超過六十歲。現任大法官年齡雖稍超過六十五歲，如僅任一屆，仍視情況考慮提名連任。(b)符合第二款（司法院組織法第四條）之資格者，應予考慮。(c)每一省區現有大法官名額的比例配置，原則上盡可能予以維持。(d)出身學界、司法界的名額配置，仍應維持適度的均衡比例。(e)提名人選必須符合司法院組織法第四條「任何一款資格大法官人數，不得超過總名額三分之一」之限制[23]。

(3)決定提名人選：提名小組在審查「參考人選」名單及決定提名原則之後，即從審查合格的人選中，依照提名原則，決定人選。以第

二屆為例，提名小組審查合格者有十九人，由
於提名原則決定只提十五人，故餘下四名乃備
總統圈選時參考。論者以為提名小組保留兩名
備總統隨時提任，其意即可能在保留民、青二
黨代表擔任大法官之機會[24]；惟從提名小組所
留下之「備考」四名（一款：王之綜；三款：
李學燈、張鏡影；五款：王培仁）來看，由於
其均非民、青兩黨黨籍，故是否如論者之推測，
則頗為可疑。

3.總統的核可

　　提名小組決定人選後，即呈總統核可。總
統通常照案通過，但有兩次例外——第二屆大法
官任命時，為省籍分配的問題而請提名小組再
考慮（提名小組後來刪除李紹言，而將王之綜
補入）；第四屆大法官任命時，總統則以依例提
十五人為由，刪除擬提名單中的二人（即董世
芳與李模）[25]。

(三)核議

　　總統核可提名小組所擬人選後，即提報國

民黨中常會核議。一般而言，中常會均依例審查通過。就第四屆大法官而言，中常會除通過主席所提大法官人選外，並決定由中央組織工作會及中央政策委員會，協調黨籍監委完成法定程序[26]。

（四）協調

協調在此指的是：遊說監委支持執政黨中常會所通過的人選。協調的工作通常由中央組織工作會及政策委員會負責，協調的對象則包括黨籍與非黨籍的監委。

1.黨籍監委的協調

通常由中央組織工作會及政策委員會負責[27]；有時則只由中央政策會一組負責。

2.非黨籍監委的協調

由中央政策委員會出面邀請民、青二黨及無黨籍監委，舉行茶會，就對大法官被提名人行使同意權事宜交換意見，並籲請支持[28]。

此外，有時甚至由執政黨中常委出面邀集

黨籍監委與大法官被提名人，舉行座談會，將被提名的大法官人選一一介紹給監委，說明執政黨的提名作業原則，籲請與會黨籍監委全力支持[29]。

在國民黨協調監委的過程中，多數監委均表予以支持；惟亦有少數監委（主要是無黨籍監委）對執政的國民黨此種協調工作表示不滿，以第五屆為例，即有無黨籍監委批評執政黨舉辦的「介紹會」，是一種「場外交易」，有損監察院立場，且有違監察權獨立的精神[30]。

在執政黨協調監委的過程中，偶也有不順利者，以第四屆為例，即有監委張建中等人表示：被提名人之一的張劍寒因曾參與撰寫《中華民國監察院研究》一書，不宜擔任大法官；為此，使得負責協調的人士一再與之進行溝通，並研擬了三個對策：(1)由監察院投票決定是否同意，亦即不同意也無妨。(2)由張氏在投票之前主動放棄提名。(3)監察院投票同意後，由張考慮主動辭職。最後，執政黨考慮採取第三個途徑[31]。

　　執政黨除主動出面邀請監委參加座談茶會
籲請支持外，另一方面亦安排大法官被提名人，
到監委家中拜訪爭取選票，以獲支持[32]。

（五）同意

　　經過國民黨與黨籍及非黨籍監委協調之
後，總統即正式咨請監察院同意。監察院在接
到總統提名咨文後，即提報院會，並交全院委
員會審查。審查會以秘密方式行之，由出席委
員互推一人為主席。審查完竣後，（當日）再提
報院會投票（原監察院同意權行使辦法第二及
第三條）。按原監察院同意權行使辦法第四條之
規定，對大法官人選之審查項目計有：(1)學歷
與著作。(2)主要經歷。(3)品德及聲譽，有無受
過本院糾彈或刑事處分。(4)年齡及健康情形。(5)
法學造詣。此外，並應注意其(6)提名資格是否
與司法院組織法第四條之規定相符。

　　依同法同條之規定，全院委員會審查之方
式，應按「逐項審查」方式進行；另同法第五
條規定監察院如收到被提名人之有關資料或指

控文件等，應送審查會參考；第六條且規定「審
查時對被提名人如有疑義，得通知其補送資料。
必要時，並得通知其到會備詢」。

惟按諸實際情形來看，可得而言者有如下
幾點：

(1)監察院行使同意權流於形式。大法官會
議設置以來，至第五屆為止，監察院先後對大
法官人選行使十一次同意權，除了第一次的第
一屆提名人選中有五位（劉通、張映南、周蜀
雲、史尚寬、陳一清）未獲同意外，其餘十次
皆全得到監察院的同意。以得票情形而言，獲
同意票五十張以下者，在一百零五人次中，只
有七位（第三屆：歐陽經宇、范馨香、陳世榮；
第四屆：洪遜欣、蔣昌煒、楊與齡及張劍寒。
其中張劍寒得四十三張票最低）；而獲不同意票
二十張以上者，則只有第一屆的八位（洪文瀾、
張于潯、林彬、劉克儁、胡伯岳、沈家彝、李
浩培及蘇希洵。其中以沈家彝得四十三張票最
高）；至未獲反對票者竟有十七人次之多（第二

屆：林紀東；第三屆：戴炎輝、田烱錦、陳樸
生；第四屆：陳樸生、林紀東、翟紹先、梁恆
昌、范馨香；第五屆：翁岳生、翟紹先、范馨
香、馬漢寶、李鐘聲、吳庚、鄭健才及劉鐵錚）
[33]，且從歷次投票紀錄上看，監察院投反對票
的比例，有逐次降低的趨勢，此似亦暗示執政
黨的協調工作做得相當成功。而從曾受監察院
糾彈的史延程（第二屆）、鄭健才（第五屆）亦
能高票當選（後者且未獲反對票）來看[34]，足
見監察院同意權的行使，似缺乏實質意義。故
即有論者批評道：「監察院如此高的同意率，觀
諸歷屆大法官人選的履歷與表現，與其說是監
察院對大法官人選個人條件的肯定，毋寧說是
監察委員公忠體國的心態表露無遺。同意權是
憲法賦予監察委員的重要職權，可惜我國監察
權萎縮式微，同意權之行使完全流於形式，對
大法官人選自然無法達到審查管制的作用與汰
蕪存菁的目的」[35]。

　　(2)歷次監察院全院委員會審查大法官人選
資格之方式，均按「綜合審查」方式進行，此

與原同意權行使辦法第四條之規定牴觸，故在
對第五屆大法官人選的審查過程中，即有監委
提出異議，堅持按「逐項審查」方式進行[36]，
惟最後亦不了了之。

(3)原同意權行使辦法第五條雖規定監察院
若收到被提名人之有關資料或指控文件等，應
送審查會參考；惟實際上在審查會對第三屆大
法官人選進行審查之前，曾有人在監察院散發
對被提名人不實之攻擊傳單，刻意批評[37]；按
理，指控文件須有事實做依據，且應送全院委
員會爲是。

(4)如上所述，審查會若覺有必要，「得通
知被提名人到會備詢」；惟實務上因執政黨在監
察院舉行全院委員會審查大法官人選前，已進
行過「協調」的工作，故從未有被提名人因「必
要」而被通知到會備詢；因而在七十一年第四
屆大法官補選時，即有尤清、林純子、林孟貴、
施鐘響與周哲宇等五位無黨籍監委在院會中堅
持要求被提名人到院備詢[38]。論者亦主張：「希
望監察院比照美國國會審查最高法院大法官方

式，鉅細靡遺，瞭解被提名人的各種資格要件，是否能夠擔當重任。必要時舉行聽證會，由被提名人出席，闡述個人的憲政理念、法律見解，並由聽證過程中知悉被提名人的道德風範。」[39]

(六)發布

監察院同意總統所提大法官人選後，即行文咨復總統，總統即正式發布命令。

(七)宣誓

被提名人通過監察院的同意並經總統發布命令後，即於總統府介壽堂舉行宣誓典禮，由總統監誓[40]。

(八)到任

大法官宣誓後，即正式就職，並舉行預備會議[41]。大法官選任過程到此全部結束。

惟倘遇大法官出缺時所為之補提名，其過程則與上述稍有些不同。補提名時，雖亦有自

薦者，但人數不多；且總統不指定提名小組專
案辦理，僅由司法院長向總統推薦人選，由總
統府秘書長轉呈總統核可。當然，司法院長在
擬訂名單時，仍需與其他有關首長共同會商[42]。
至中常會的核議、執政黨的協調與監察院的同
意仍是必須的。惟大法官到任時，不舉行就職
儀式，如第三屆補任大法官陳樸生、范馨香、
陳世榮及翁岳生等四位，即未舉行就職儀式[43]。

綜上所述，在大法官的產生過程中，具有
影響力者包括總統、提名小組、執政的國民黨
及監察委員，其各自所具之影響力如**表 2-1** 所
列。

三、大法官實際的選任過程（二）——第六屆

由於第二和第三階段的修憲，法制上大法
官選任程序之變遷已如上述，則依照修憲後新
的規定所進行改選的第六任大法官，其實際的

表 2-1　大法官選任過程中具有影響力的參與者

參與者	影響的內容
總統	1.指定提名小組的成員及召集人。 2.核可提名小組所擬之名單。
提名小組	1.審查各方所推薦及自薦之名單。 2.決定提名原則。 3.提出擬提人選。
執政黨	1.秘書長為提名小組之成員。 2.中常會核議總統擬提之大法官人選。 3.中央組工會及政策會負責協調監委。
監察委員	1.未得監委過半數同意者即不能任為大法官。 2.提名小組必須注意監委之意向。

選任過程勢必亦跟著變動，何況如前所述，第六屆大法官改選的時代背景早已大不同於往昔，即以政黨的參與為例，由於此時國內在野黨已有相當的實力，其對選任過程必然發揮或多或少的影響力，令執政黨不敢小覷，彼此之間也起著相當程度的互動關係，也因此第六屆大法官實際的選任過程和前五屆兩者之間究有何異同之處，的確讓人關心。茲就第六屆大法

官產生的幾個階段過程，依序說明如下。

(一)提名前階段

1.各界的推薦

　　一般而言，每屆大法官任期結束之前幾個月，大法官的提名活動早就非正式的展開了。在總統所指定的提名專案小組或提名審薦小組成立前，各方角逐者便透過自薦或請人推薦的方式展開「活動」，社會各界也會推薦他們所屬意的人選。第一至第五屆大法官的提名情形如此，第六屆大法官的提名前活動，亦是如此。

　　依照往例，這些提名的細部作業慣由總統府第一局負責[44]，第六屆大法官的選任，提名作業仍由總統府第一局處理，在正式提名前數月，各界推薦活動早已展開，由總統府匯集的推薦名單，必須再經篩選，至八十三年五月下旬，經第一局篩選過後之人選仍有八十多人[45]，足見推薦活動之熱烈。惟第六屆大法官提名的前置作業也有和以往前五屆不同的作法，即在提名審薦小組成立後，總統府除主動提出符合

條件的人選外[46]，並行文立法院、各大學法學
院，請其推薦符合司法院組織法第四條所定大
法官條件的人選[47]，使得各方推薦的活動從提
名前階段延長至提名審薦小組成立後的階段。

2.媒體的報導

在每屆大法官卸職前數月，伴隨著大法官
提名前推薦活動所展開的，即爲報紙媒體對於
大法官會議的種種報導，其中最爲敏感的消息
便是對於新任大法官人選的臆測。以民國六十
五年第四屆大法官的提名爲例，早自當年五月
初，媒體記者即率先爲「第四屆大法官提名拉
開序幕」，報紙曾出現對於新任的可能人選的分
析報導[48]；再以民國七十四年的第五屆爲例，
在蔣經國總統該年九月四日向監察院正式提名
第五屆大法官人選前夕，九月三日當天的報紙
紛紛報導其所推測的可能人選[49]，其所推測的
人選有相當的準確度。

第五屆大法官任期在八十三年十月初屆
滿，但四月中開始國內主要媒體已陸陸續續對
未來第六屆大法官的人選加以報導，並提出不

少意見[50]，以四月廿六日《中國時報》第九版
為例，該版整版全是關於第六屆大法官改選的
專題報導，記者並採訪近二十位學界人士，提
出一份所謂「法學界的大法官名單」，名單中包
括五位現任大法官翁岳生、楊日然、劉鐵錚、
吳庚及李志鵬，以及若干法政學者與律師，諸
如荊知仁、胡佛、李鴻禧、蔡墩銘、戴東雄、
城仲模、法治斌、蘇永欽、董翔飛、黃東雄、
章孝慈及陳繼盛等人。較諸後來七月底時所公
布的被提名人名單，這份「法學界名單」顯然
理想色彩過重，而且太過偏重大學教授，準確
度太低。

　　相形之下，五月十九日提名審薦小組成立
後，報章雜誌對於可能人選的臆測，準確度即
大為提昇，比較接近實情，也將推測的人選範
圍擴及實務界，包括最高法院、行政法院及執
業律師，此外，若干中央民意代表，如國民大
會代表蘇俊雄、謝瑞智、溫錦蘭、沈銀和等人
也被提及[51]。這可能和提名審薦小組成立後確
定提名原則的曝光有關，致使媒體的猜測較有

線索可循。媒體對於可能人選的推測，表面上看來似是一種分析報導，事實上，背後和其他社會各界一樣，不無「推薦」的作用在內。

(二)提名階段

1.提名審薦小組的成立

　　總統提名大法官，依照慣例均先指定提名小組（四至七人）負責提供人選，迄至第五屆大法官的選任，已成一項憲政傳統。提名小組的成員如前所述，通常包括副總統、總統府秘書長、司法院長、國民黨中央黨部秘書長及國家安全會議秘書長[52]。

　　提名小組的權責有三項，已如前述，茲不贅言。從歷次的經驗看來，提名小組真正發揮了「參贊」的功能，甚至可說實質地分享了總統個人提名的權力，使得總統一人獨任的色彩減淡，而頗有委員制的味道，這也算是民主政治的另一種表現。

　　在第六屆來講，五月十九日李登輝總統聘任六位提名審薦小組的成員後，始真正進入所

謂的「提名階段」。李登輝總統仍然蕭規曹隨，援例成立第六屆大法官的提名審薦小組，惟同中有異：

　　其一為小組成員的改變。如前所述，提名小組通常由副總統、司法院長及三大秘書長（總統府、國安會及國民黨中央黨部）組織而成；五月廿日小組名單曝光後，出人意表，新的提名審薦小組成員除了副總統李元簇（兼小組召集人）外，有司法院長林洋港、總統府秘書長蔣彥士、國民大會秘書長陳金讓、總統府資政洪壽南及前大法官陳樸生[53]，後三者是「新設成員」。洪、陳兩人是「司法界前輩」，前者曾任司法院副院長，後者曾為第三、四屆兩任大法官，至於「國民大會秘書長陳金讓加入小組，則是大法官任命同意權轉由國民大會行使後，總統重視民意的表現」[54]，論者認為，小組成員的改變，有黨政主導轉向司法主導的意味[55]。事實上，小組成員名單本有仍循往例不欲曝光的打算，以杜絕各方人情關說，以免小組成員遭到困擾[56]。

　　其二爲提名小組的「建制化」趨向。提名
審薦小組成立後，五月廿日即舉行首次會議，
李登輝總統並打破往例親自主持小組的會議。
會議中通過小組「設置要點」，包括：(1)小組
置委員六人，副總統與總統府秘書長爲當然委
員，餘由總統聘任。(2)召集委員由副總統擔任。
(3)小組會議非有委員三分之二出席，不得開
會。(4)小組決議時，以達成共識，不付諸表決
爲原則，但召集人認爲適當時得以多數決爲之。
(5)委員不得以個人名義推薦候選人。(6)會議對
外不公開，討論內容及決議也須嚴守秘密[57]。

　　提名審薦小組成立後，也打破以往的作法，
公開接受各界推薦人選，已如前述。推薦人選
的各個領域包括：(1)司法界──主要是司法院
和法務部[58]；(2)學術界──由教育部代表；(3)
中央民意代表機構──國民大會秘書處及立法
院；(4)律師團體──如律師公會全國聯合會[59]。
自五月廿日至七月廿六日止，提名小組總共舉
行十一次會議，推薦名單在小組最後一次會議
時才決定[60]。

2.中央民意代表的建議

在民國七十四年第五屆大法官選任之前，因國內政黨政治尚未成熟，在野的民、青兩黨未扮演過真正的反對黨角色，以致歷次的選任，未聞強烈的異音，總統提名的大法官人選，多聞贊同之聲，特別是具有同意權的監察委員，難以聽到他們反對的聲浪。在總統所提名的人選尚未定案前，三個中央民意代表機構的民代，很少有強烈的動作，對於人選提出他們的主張，或者表示不同的意見，雖然若干立、監委私下也進行推薦的活動，但從不敢明目張膽地公開表態。第五屆大法官提名前，當時雖有無黨籍監委尤清、林純子和林孟貴持不同的意見，仍未見有強烈的行動。

八十三年第六屆大法官的選任，環境背景不同已如前述，除了政黨政治已然成熟，在野黨顯現著強大的反對力量之外，民意高張促使立法院抬頭，立法委員動見觀瞻，加上國民大會因修憲的關係握有同意權，致使國大代表的分量加重，水漲船高，自然令人不敢小覷。在

此情況之下，再要讓立委、國代保持緘默，不對大法官人選提出意見，那是不可能的事。

　　在第六屆大法官被提名人名單尚未揭曉前，中央民意代表各式各樣的「建議」活動便紛紛出爐，舉其犖犖大端有：(1)在提名審薦小組成立後不久，民進黨籍的立委陳水扁即建請李登輝總統應廣邀法學家、律師、法官及社會人士組成「大法官提名委員會」，以民主化、公開化、透明化的方式提出大法官推薦名單，做為提名的依據[61]；(2)六位民進黨籍立委連袂赴總統府拜會總統府秘書長蔣彥士（提名小組當然成員），主張大法官提名應公開化和透明化，並建議在總統將被提名人名單送至國民大會行使同意權之前，先行公布予以大眾知曉[62]。

　　至於在被提名人名單公布後，立委及國代的各項意見主張，更是五花八門，其方式大致有如下幾種：(1)舉辦公聽會──如立委李慶雄、黃主文等人在立法院所召開的「大法官人選評鑑公聽會」。(2)進行問卷調查──如國代高光承對被提名人所做的「人生觀問卷調查」。(3)公

開評鑑報告——如由國代李克明、蔡明華、傅崑成及律師公會全國聯合會秘書長黃國鐘組成的「大法官評鑑審薦小組」所進行的公開評鑑及評鑑報告。(4)以言論直接抨擊——如國大許陽明對提名名單指斥爲「國王人馬的近親繁殖」[63]。從以上的分析中可以發現，民進黨籍的民代有較強烈的意見表示。

3.社會各界的運作

　　第六屆以前大法官的選任，從最初的推薦和自薦活動開始，以迄於監察院行使同意權階段，可以說整個過程基本上是「平靜無波」的；但八十三年第六屆大法官的選任，情況即有很大的不同，除了前所述國代、立委的動作頻頻之外，社會各界對於大法官的選任也有了和以往不同的各種意見，在提名審薦小組成立前後，有不少團體藉由各種方式表達他們對於大法官人選的看法與主張。

　　大體而言，在被提名人選未正式公布前的作業階段，社會各界表達的是他們對於大法官人選的「期望」，亦即他們心目中理想的大法官

人選，例如福爾摩沙基金會曾針對法律專業人士做過調查研究，並依調查的結果推薦其所認爲的「最佳大法官人選」；又如婦女新知協會曾發動二十餘個婦女團體連署，發表聯合聲明，要求第六屆大法官被提名人應有兩個以上的婦女名額，而且還準備十大婦女議題，提供給國大代表做爲考評人選的依據[65]。

　　而在被提名人名單公布後，社會各界表達的則是他們對於大法官被提名人的「質疑」與「批評」，尤以新聞界與學術界爲然。前者如《聯合報》八十三年八月一日的社論，該社論所做的七項分析中，有三項負面的意見，餘四項則僅爲客觀的陳述而已[66]；後者如若干法政學者的公開質疑，雖未針對具體人選提出批評，但多認爲名單中有很大的缺漏，譬如缺少真正鑽研憲法的學者，而律師界又再度落空，令人有遺珠之憾[67]。

4.總統的核定

　　第六屆大法官選任的提名審薦小組前後共召開十一次會議，其所確定的提名原則大致有

下列數項：(1)年齡考慮。留任者年齡須在六十五歲以下，新任者年齡須在六十歲以下。(2)性別和黨籍不予特別考慮。(3)須符合司法院組織法第四條所定資格的限制。(4)依司法院組織法第四條第一項前三款條件提名者——曾任最高法院法官十年以上資格，以庭長為優先考量；曾任立委九年以上資格，限於法律系畢業；曾任大學法律主要科目教授十年以上資格，以教授民、刑法者為主。依第五款條件提名者——以具有法學素養為主[68]。依此原則，提名小組在全部三百八十四人中（包括幕僚作業提供三百七十一人及社會各界推薦或自薦者十三人），最後決議遴選十七人，全部被提名人名單在提名小組最後一次會議決定後，於七月廿八日呈報李登輝總統核定[69]。

　　提名審薦小組決議的十七位大法官被提名人名單如**表 2-2**。

　　上述提名小組所決定的十七名大法官人選，簽報李登輝總統後，李總統隨即於七月廿九日核定，且未變更任何名單中的人選[70]，全

表 2-2 第六屆大法官被提名人簡歷一覽表

姓名	年齡	學歷	主要經歷	現職	備註
翁岳生	62	・台大法律系 ・德國海德堡大學法學博士	・司法官訓練所講座 ・台大法律系、所教授 ・第三、四屆大法官	・第五屆大法官 ・台大法律系、所兼任教授	現任
劉鐵錚	56	・政大法律系 ・美國猶他大學法學博士	・政大法律系教授兼系主任、法研所所長 ・內政部、法務部、行政院法規會委員	・第五屆大法官 ・政大法律系、所兼任教授	現任
吳 庚	54	・台大法律系 ・維也納大學政治（公法）學博士	・台大政治系主任、政研所所長 ・行政院法規會委員 ・司法官訓練所講座	・第五屆大法官 ・台大法學院兼任教授	現任
王和雄	53	・政大法律系 ・政大法研所法學博士	・法務部參事 ・東吳法律系兼任教授 ・司法官訓練所講座	・法務部主任秘書	

(續)表 2-2　第六屆大法官被提名人簡歷一覽表

姓名	年齡	學歷	主要經歷	現職	備註
王澤鑑	56	·台大法律系 ·德國慕尼黑大學法學博士	·台大法律系教授兼系主任、研究所所長 ·中選會委員 ·海基會董事	·台大法律系、所教授	
林永謀	55	·台大法律系 ·司法官訓練所結業	·地方法院庭長 ·高等法院庭長 ·最高法院法官	·最高法院法官兼庭長	
林菊枝	59	·台大法律系 ·德國慕尼黑大學法學博士	·政大法律系副教授 ·中選會委員	·政大法律系教授	女性
林國賢	58	·台大法律系 ·文化三研所法學博士	·最高法院法官 ·司法院廳長 ·司法官訓練所講座	·司法院副秘書長	
施文森	61	·台大法律系 ·美國惠勤曼大學法學博士	·政大法律系主任、保險系主任、保險系主任、保險研究所所長 ·司法官訓練所講座	·政大法律系、保險研究所所教授	

（續）表 2-2　第六屆大法官被提名人簡歷一覽表

姓名	年齡	學歷	主要經歷	現職	備註
城仲模	56	・東吳法律系 ・維也納大學行政法學博士	・中興大學法律系教授兼主任、法研所所長 ・維也納大學客座教授 ・省府委員	・考試委員	
孫森焱	61	・台大法律系 ・司法官訓練所結業	・地方法院法官、檢察官 ・高等法院法官 ・最高法院法官	・最高法院法官兼庭長	
陳計男	57	・台大法律系 ・司法官訓練所結業	・最高法院法官 ・行政法院評事 ・政大、東吳法律系兼任教授	・行政法院評事兼庭長	
曾華松	58	・省立法商學院（興大前身）法律系 ・司法官訓練所結業	・律師 ・高等法院法官 ・行政法院評事	・行政法院評事兼庭長	

(續表 2-2　第六屆大法官被提名人簡歷一覽表

姓名	年齡	學　歷	主要經歷	現　職	備註
董翔飛	61	· 省立法商學院（興大前身）公行系 · 政大公行所碩士	· 內政部民政司副司長 · 中選會副秘書長 · 興大公行系教授兼系主任	· 興大公行系教授 · 二屆國代 · 內政部法規會委員	
楊慧英	60	· 台大法律系 · 司法官訓練所結業	· 地方法院法官、庭長 · 高等法院法官 · 最高法院法官	· 最高法院法官兼庭長	女性
戴東雄	57	· 台大法律系 · 德國遭因茲大學法學博士	· 台大法律系教授兼系主任、法研所所長 · 法務部民法修改委員會委員 · 司法官訓練所講座	· 台大法律系教授兼法學院院長	
蘇俊雄	59	· 台大法律系 · 德國佛萊堡大學法學博士	· 省議員 · 省研委員 · 國際刑法學會中華民國分會秘書長、理事長	· 台大法律系教授 · 二屆國代	

資料來源：《聯合報》，民國八十三年七月卅日，五版。

數依提名小組的決議提出。

　　然而，第六屆大法官的提名，較諸以往，
李登輝總統卻有新的作法，蓋以往各屆總統對
大法官的提名均未提滿足額[71]，不是提名小組
本身簽報的人選就不足額（總統也不會補滿），
便是總統自動將提名小組簽報的足額名單刪除
其中若干名。李登輝總統則完全按照提名小組
的決定，並未依往例不提滿額名單，雖然充分
尊重提名小組的作法，但此一「尊重」卻也打
破傳統。惟總統府方面表示，如果總統提名的
人選有人未能通過國民大會的同意，則李總統
也不會再補提名[72]，證諸後來林菊枝的「落馬」，
確屬所言，而此一作法則維持了第一屆的舊例。

　　李登輝總統在七月廿九日核定提名審薦小
組擬議的十七位第六屆大法官被提名人名單
後，根據憲法增修條文第十三條第一項的規定
（第三階段修憲的增修條文，總統在八月一日
公布），翌日即將提名咨文正式送達國民大會。
惟李總統向國民大會提送咨文前，按往例並未
先經行政院長連戰的副署[73]，亦即李總統並不

接受「咨文副署」的主張，但此舉是否違憲仍
有爭議。由於第三階段修憲，憲法增修條文第
二條第二項已規定總統提名大法官不須再經行
政院長副署，因此如果李總統的提名咨文能再
等三天，遲至八月二日在第三次修憲的增修條
文公布之後再送出，則不論上述的爭議為何，
即屬合憲行為，可免遭物議。

（三）提名後同意前階段

1.總統的約見

　　以往各屆大法官的提名，總統在提名咨文
送至監察院之後，並未有任何的動作，雖依政
界不成文的規定，每逢政府高層人士人事異動，
在總統正式發布任免令（尤其是新任者）前，
總統（或以執政黨主席名義）多半會私下約見
或召見相關人士，惟此種不成文規矩不適用於
司法院大法官的提名。

　　李登輝總統對於第六屆大法官的提名，則
首次打破慣例，在他核定提名審薦小組所簽報
的被提名人名單後，當日即由總統府幕僚人員

安排被提名人約見事宜。七月卅日在李總統提
名咨文送達國民大會當日，十七位被提名人依
司法院組織法第四條所定各款條件分爲四批約
見，而約見的方式係由李登輝總統個別與十七
位被提名人談話，每位被提名人的談話時間則
長短不一。至於總統和被提名人的談話內容，
包括被提名人對於司法改革的看法、被提名人
對於過去大法官解釋文的見解、被提名人的研
究或著書計畫等等；同時由於大法官任期九年，
總統也提醒被提名人要有心理準備[74]。至於民
國八十七年大法官出缺後的補提名（翁岳生晉
陞爲司法院長；城仲模先是轉任法務部長，隨
後則升爲司法院副院長；林國賢則轉任司法院
秘書長），黃越欽、賴英照、謝在全三人，李總
統並未一一分別約見。

　　李登輝總統約見大法官被提名人的行爲，
除表示他對新任大法官的期許和重視外，也顯
示他本身對於提名權的看重；而因爲他的注重，
使得約見行爲本身具有儀式化作用，提名的過
程也更見完整。

2.執政黨的「輔選」

　　依照往例，總統核定提名小組所擬人選名
單後，即提報執政黨中常會核議。一般而言，
中常會均依例審查通過。惟第六屆大法官的提
名，身兼執政黨主席的李登輝總統乃一反常例，
在核定提名審薦小組簽報的人選名單後，未經
中常會核議即將提名咨文逕送國民大會，使得
第六屆大法官的選任過程少了「執政黨中常會
核議」此一程序。八十七年大法官出缺的補提
名，也未送中常會核議。

　　以往（前五屆）總統提名大法官後，即由
執政黨中央組工會及中央政策會出面「協調」
黨籍及非黨籍監委，請他們支持總統提名的大
法官人選，協調過程通常都很順利。由於第六
屆大法官提名同意權改由國民大會行使，加上
執政黨本身組織的調整，故在李登輝總統提名
十七位大法官人選後，原先協調的工作改由國
大黨團負責。

　　執政黨國大黨團原擬安排大法官被提名人
一一拜訪國大代表，由於此舉遭致輿論的抨擊，

後改由國民大會秘書處出面分區舉辦「介紹茶會」（後詳）。輿論的批評主要有兩點：(1)大法官本身的職務即有超黨派的性質，不論被提名人黨籍是否爲執政黨，皆不宜由執政黨出面安排拜訪活動或舉辦介紹茶會。(2)國大代表同意權的本質，是一種資格審查而非選舉投票，國代對被提名人的審查，目的只在確認他們是否人格高尙、品德優良、學識經歷是否足堪重任，並不像立委對行政院長行使同意權（第四次修憲後已取消）那樣，要求大法官必須向國民大會負政治責任，則大法官被提名人何須向國代「拉票」[75]？

　　雖然執政黨在輿論壓力下，決定不介入大法官同意權行使的「輔選」，然而後來由於黨籍國代有異聲，執政黨中央在衡量利弊得失之下，仍決定由國大工作會安排和黨籍國代會餐，請他們支持總統提名的大法官人選[76]，並由中央黨部秘書長許水德出面做東，邀請全體黨籍國代和十七位大法官被提名人（另有司法院長被提名人施啓揚）聚餐[77]。此外，執政黨台北市

黨部主委曹友萍亦出面邀請北市國代及不分區
國代，和大法官被提名人聚餐[78]。

3.國民大會秘書處的協調

　　以往前五屆大法官的選任，行使同意權機
關的監察院本身，未曾像國民黨中央那樣主動
出面協調監委，請予支持總統所提名的大法官
人選，因為這樣便和憲法設定同意權的立意有
所扞格了。第六屆大法官的選任，首度改由國
民大會行使同意權，如上所述，由於執政黨「不
方便」出面協調黨籍國代，為十七位被提名人
「拉票」，始有由國民大會秘書處代為出面協調
之議，以分區（台北、新竹、台中、嘉義、高
雄）舉辦「介紹茶會」方式，爭取國代的支持[79]。

　　國大秘書處擬定的大法官被提名人「介紹
茶會」，以分區方式舉行，每場進行二至三小時，
以不超過四十名國代出席為原則，北中南共主
辦八場，首二場於八月五日在台北舉行[80]。綜
觀幾場「介紹茶會」開會的情形，首先是國代
的出席率普遍不高；其次是國大秘書處提供的
有關被提名人的資料不夠完整，包括人選的著

作、自傳及大法官會議出版品等均付諸闕如；
復次是被提名人的自我介紹，鮮少人提及其對
於憲政運作的觀點，以及擔任大法官後的抱負，
反而對於自己的學經歷背景侃侃而談，輕重不
分。

　　原先執政黨的「協調」工作，雖如上述改
由國民大會秘書處負責，仍然無法避免有瓜田
李下之嫌，民進黨籍國大黨團即批評，此舉並
無意義，只是換湯不換藥，國大秘書處做的仍
是「拉票」的工作，這種「拉票」的應酬文化
不值得鼓勵[81]。

（四）同意階段

1.國民大會的審查

　　大法官的任命同意權改由國民大會行使
後，立法院與國民大會分別於八十一年十一月
及八十二年元月制定通過國民大會同意權行使
法與國民大會行使同意權審查會審查辦法，以
規範同意權的行使。依據國民大會同意權行使
法第四條之規定，國民大會行使同意權之前，

大法官被提名人必須先經「行使同意權審查會」審查，而其審查程序如何進行，則由國民大會行使同意權審查會審查辦法予以規範。

由於國民大會同意權行使法第六條規定：「審查會設召集人十一人，由代表互選之」，國民大會即先於八十三年五月十八日先行選出陳瓊讚等十一位國代爲「行使同意權審查會」召集人[82]。國大秘書處於七月卅日收到總統提名咨文後，即依據國民大會同意權行使法第四條「國民大會秘書長應將總統提名咨文送由主席團提報大會交付審查會審查」之規定；送請八月四日國大主席團（第二十七次）會議處理，後經主席團決定提報大會交付審查會審查；旋經八月十五日大會（第卅三次）決議，交付「行使同意權審查會」審查[83]。

「行使同意權審查會」係依據國民大會同意權行使法第五條規定，由全體國民大會代表組成；如上述並設召集人十一人，輪流主持會議（第六及第七條）。審查會對被提名人之資格審查程序，係依據國民大會行使同意權審查會

審查辦法之有關規定進行，其要點如次[84]：

(1)審查被提名人資格：秘書處應將各被提名人之有關資格証明文件及有關資料提交審查會備核，主席就各被提名人之資格是否符合規定，徵詢與會國代有無異義，如無異議，被提名人之資格審查即告確定，國代如有疑議，經決議得請被提名人補充資料或口頭說明。

(2)被提名人到會說明：被提名人自我介紹、說明抱負，每人以十分鐘為原則。

(3)就被提名人是否適任之相關事項進行詢問：每位國代詢問時間以五分鐘為原則。主席得於適當時間徵求大會同意，請已登記詢問而未及詢問之國代當場改提書面詢問交由秘書處逕送被提名人。

(4)被提名人綜合答覆：每一被提名人答覆時間以十分鐘為原則。國代提出之書面詢問，由被提名人於綜合答覆時一併答覆之。

(5)再詢問：對被提名人之綜合答覆，已詢問之國代得提出再詢問一次，時間以三分鐘為

限，被提名人應再行答覆，時間以五分鐘爲原
則。

　　審查會召集人會議於八月十五日先行召開
首次會議，抽籤決定十七位大法官被提名人之
審查順序，依序爲：翁岳生、林國賢、楊慧英、
城仲模、劉鐵錚、孫森焱、董翔飛、林永謀、
曾華松、蘇俊雄、施文森、林菊枝、戴東雄、
王澤鑑、王和雄、陳計男、吳庚[85]。審查會審
查十七位被提名人之順序，即依上述召集人會
議之決定次序進行。白八月十八日下午起至九
月一日下午止，審查會前後共舉行審查會議十
次，並依規定由召集人分爲兩組輪流主持會議
[86]。

　　大體而言，每次審查會進行時，均依據審
查辦法規定程序，先由主席報告被提名人之有
關資料，並就被提名人之資格與適用條款是否
與司法院組織法第四條各款之規定相符，徵詢
審查會有無異議，遇有疑議時，則請被提名人
補充資料或口頭說明。被質疑其適用條款之資

格有問題者，計有林國賢、楊慧英、曾華松、施文森、王和雄及陳計男等六位，占全部被提名人的三分之一[87]。被提名人之資格若無疑議，即請被提名人到會自我介紹並說明抱負，再由與會國代就各被提名人是否適任之相關事項進行詢問。有關代表詢問之發言，經政黨協商採取政黨比例方式發言，以每半天爲基準，原則上國民黨籍國代詢問六十分鐘，民進黨、新黨及無黨籍國代合用三十分鐘，詢問完畢，被提名人綜合答覆十分鐘，再詢問時，國民黨三十分鐘，民進黨十五分鐘，最後由被提名人再行答覆五分鐘[88]。惟被提名人的綜合答覆及再行答覆，多半均延長時間進行。

　　總計審查會對第六屆大法官被提名人提出詢問之國代共有三百一十人次，提出再詢問國代共有一百一十六人次，提出書面詢問國代共有四十七人次[89]，總人數則爲九十四位。其中具有法律系（以上）背景者，共有二十八位，占 29.78％，約爲三分之一弱，亦即提出詢問（含再詢問及書面詢問）國代中，平均每三人即有

一位出身法律系者，比例甚高；另外，具有政治系（含公行系所）背景者，計有十五位，占15.95％，約爲六分之一弱，比例較低。試看**表2-3**之統計情形。

從審查會十次會議的審查過程來看，底下幾種現象值得注意：

(1)第二屆國代現有總額有三百二十一名[90]，如上述統計，其中只有九十四位在審查過程中提出詢問，僅占總人數 29.28％，亦即有三分之二到四分之三左右的國代在十次審查會議中未參與詢問，大多數的國代對被提名人的審查均未置一詞。但是詢問人次卻高達四百七十三人次（含再詢問及書面詢問），顯見提出詢問的國代，人數頗爲集中，民進黨籍國代尤爲明顯。

(2)被提名人在向國大審查會做自我介紹的「到會說明」時，絕大多數被提名人的說明內容皆側重個人生平背景的介紹，包括出身家庭、求學生涯、工作經驗及成就等等，相形之下，

表2-3　第二屆國民大會第四次臨時會對總統提名第六屆大法官被提名人資格審查情形一覽表

被提名人姓名	適用司法院組織法資格條款	審查會次及日期	主席	提出詢問與再詢問代表人次	審查結果	備註
翁岳生	第四條第四款：曾任國際法庭法官或有公法學或比較法學之權威著作者。	第三次會議 83‧8‧18	鄭永堂	提出詢問代表十九人 提出書面詢問代表三人 提出再詢問代表六人	完成審查程序，提報大會行使同意權。	
林國賢	第四條第五款：研究法學，富有政治經驗，聲譽卓著者。	第四次會議 83‧8‧19	王百祺	提出詢問代表十二人 提出書面詢問代表二人 提出再詢問代表五人	完成審查程序，提報大會行使同意權。	
楊慧英	第四條第一款：曾任最高法院法官十年以上而成績卓著者。	第五次會議 83‧8‧22	尤松雄	提出詢問代表十八人 提出書面詢問代表五人 提出再詢問代表九人	完成審查程序，提報大會行使同意權。	

(續)表 2-3 第二屆國民大會第四次臨時會對總統提名第六屆大法官被提名人資格審查情形一覽表

被提名人姓名	適用司法院組織法資格條款	審查會次及日期	主席	提出詢問與再詢問代表人次	審查結果	備註
城仲模	第四條第五款：研究法學，富有政治經驗，聲譽卓著者。	第六次會議 83‧8‧23	趙良燕	提出詢問代表二十五人提出書面詢問代表三人提出再詢問代表八人	完成審查程序，提報大會行使同意權。	
劉鐵錚	第四條第四款：曾任國際法庭法官或曾有公法學或權威法學之權威著作者。	第六次會議 83‧8‧23	劉宗明	提出詢問代表二十人提出書面詢問代表一人提出再詢問代表八人	完成審查程序，提報大會行使同意權。	
孫森焱	第四條第一款：曾任最高法院法官十年以上而成績卓著者。	第七次會議 83‧8‧24	黃昭凱	提出詢問代表十七人提出書面詢問代表二人提出再詢問代表六人	完成審查程序，提報大會行使同意權。	

（續）表 2-3　第二屆國民大會第四次臨時會暨主總統就提名第六屆大法官被提名人資格審查情形一覽表

被提名人姓名	適用司法院組織法資格條款	審查會次及日期	主席	提出詢問與再詢問代表人次	審查結果	備註
董翔飛	第四條第三款：曾任大學法律主要科目教授十年以上而有專門著作者。	第七次會議 83、8、24	陳寶讚	提出詢問代表二十二人 提出書面詢問代表二人 提出再詢問代表七人	完成審查程序，提行會使用權。	
林永謀	第四條第一款：曾任最高法院法官十年以上而成績卓著者。	第八次會議 83、8、25	林長勳	提出詢問代表十八人 提出書面詢問代表三人 提出再詢問代表六人	完成審查程序，提行會使用權。	
曾華松	第四條第五款：富研究法學，富有政治經驗，聲譽卓著者。	第八次會議 83、8、25	王百祺	提出詢問代表十八人 提出再詢問代表六人	完成審查程序，提行會使用權。	
蘇俊雄	第四條第三款：曾任大學法律主要科目教授十年以上而有專門著作者。	第九次會議 83、8、29	黃文和	提出詢問代表十七人 提出書面詢問代表三人 提出再詢問代表六人	完成審查程序，提行會使用權。	

(續)表 2-3 第二屆國民大會第四次臨時會對總統提名第六屆大法官被提名人資格審查情形一覽表

被提名人姓名	適用司法院組織法資格條款	審查會次及日期	主席	提出詢問與再詢問代表人次	審查結果	備註
施文森	第四條第四款：曾任國際法庭法官或有公法學或比較法學之權威著作者。	第九次會議 83、8、29	鄭永堂	提出詢問代表二十八人 提出書面詢問代表一人 提出再詢問代表六人	完成審查程序，提報大會行使同意權。	
林菊枝	第四條第三款：曾任大學法律主要科目教授十年以上而有專門著作者。	第十次會議 83、8、30	呂清游	提出詢問代表十七人 提出書面詢問代表四人 提出再詢問代表七人	完成審查程序，提報大會行使同意權。	
戴東雄	第四條第三款：曾任大學法律主要科目教授十年以上而有專門著作者。	第十次會議 83、8、30	宋煦光	提出詢問代表十八人 提出書面詢問代表三人 提出再詢問代表三人	完成審查程序，提報大會行使同意權。	

(續)表 2-3　第二屆國民大會第四次臨時會對總統提名第六屆大法官被提名人資格審查情形一覽表

被提名人姓名	適用司法院組織法資格條款	審查次及日期	主席	提出詢問與再詢問代表人次	審查結果	備註
王澤鑑	第四條第三款：曾任大學法律主要科目教授十年以上而有專門著作者。	第十一次會議 83、8、31	尤松雄	提出詢問代表十九人 提出再詢問代表十人	完成審查程序，提報大會行使同意權。	
王和雄	第四條第五款：研究法學、富有政治經驗、聲譽卓著者。	第十一次會議 83、8、31	黃昭凱	提出詢問代表十九人 提出書面詢問代表五人 提出再詢問代表九人	完成審查程序，提報大會行使同意權。	
陳計男	第四條第五款：研究法學、富有政治經驗、聲譽卓著者。	第十二次會議 83、9、1	劉宗明	提出詢問代表十二人 提出書面詢問代表二人 提出再詢問代表五人	完成審查程序，提報大會行使同意權。	
吳庚	第四條第四款：曾任國際法官或公法學或比較法學有公認著作或權威著作者。	第十二次會議 83、9、1	林長勳	提出詢問代表十九人 提出書面詢問代表八人 提出再詢問代表九人	完成審查程序，提報大會行使同意權。	

資料來源：《第二屆國民大會第四次臨時會實錄》

對於大法官的職能、大法官會議的功能如何發揮，以及其缺失所在應如何改進，以至於個人在出任大法官後的抱負如何……殊少論及，只有王澤鑑、吳庚及蘇俊雄三位被提名人對上述問題「著墨」較多，其中尤以王澤鑑的說明，最為適切，可做為其他被提名人的「範本」。蓋被提名人個人的背景資料，在審查會召開前即已提供給所有國代參考，而且極為詳細，被提名人實毋須在說明時再浪費唇舌在這上面。

(3)對於被提名人而言，審查會是一場「嚴格」的考驗。國代所詢問的問題極為廣泛，從被提名人的個性、嗜好、著作、家庭、婚姻、生活習慣等屬於個人「私生活」的問題，到被提名人的黨政活動，以至於憲政理念等範圍，均被問及，甚至有國代（周平德）在詢問被提名人（林永謀）時，以代唸人民陳情書來詢問被提名人[91]。國代詢問被提名人的態度，雖亦有肯定、推崇之語，多半則是咄咄逼人，尤以民進黨籍國代為然。不少國代幾乎是以「老師對學生」的姿態，對被提名人出題「考問」。而

被提名人施文森的審查會上，尚見被散發對其
指控的不利資料。

　　就美國參議院行使聯邦最高法院大法官的
同意權來看，在參議院委員會所舉行的任命聽
證大會上，雖如法治斌國代在詢問被提名人林
菊枝時所言，參議員審查被提名人的資格包括
三方面：專業素養、人品操守、對憲法的忠誠[92]，
但在人品操守的審查方面，涉及被提名人個人
「私德」的詢問，亦所在多有，而且用語尖銳，
如一九九二年布希總統提名大法官人選湯瑪斯
時，即被指有性騷擾前科，曾經喧騰一時。以
此觀之，則國代對於十七位被提名人所詢問的
有關「私德」的問題，諸如著作抄襲、炒作股
票、接受饋贈、公款私用、參加幫派、打壓學
生、涉嫌關說、佔用宿舍、所得稅申報不實……
亦不為過，當然其中有不少是不實的指控，因
而涉及人身攻擊也就在所難免。

　　(4)雖然在審查之前，有人質疑「對於憲法
認識都尚待加強的國代們」，對於職司憲法解釋
為主的大法官（被提名人），有何能力詢問，會

是個問號，擔心在審查時論及專業領域，則「主
考官」的國代有可能變成「學生」[93]。實際審
查情況並非如此，儘管詢問被提名人私生活問
題的國代不少（且幾乎是每一位被提名人都難
以倖免），但也有不少國代（如蘇永欽、法治斌、
李念祖、李克明……）提出擲地有聲的詢問。
從大部分國代的詢問內容中可以發現，都下過
一番「審查」的準備功夫，具法律系出身背景
者，更見其詢問內容較為「紮實」，雖然也見捕
風捉影的內容。此一情形或許與提出詢問者的
人數過於集中有關，亦即「對憲法認識尚待加
強」的多數國代，在審查會中保持了他們的緘
默。

　　(5)由於每位國代詢問以及被提名人說明的
時間有限，被提名人難以避免「實問虛答」（總
共只有十五分鐘時間，雖然時間一再延長，亦
屬有限），即使詢問國代在被提名人綜合答覆後
得再詢問，但被提名人在面對國代多如牛毛的
各類問題時，根本無暇顧及每一個問題，通常
只能「蜻蜓點水」式地一併答覆，掛一漏萬之

情形便無法避免。誠如論者所言：「短短十五分鐘對於一名經驗老到的演說者而言，足以駕輕就熟、避重就輕地做『選擇性的答覆』，他可多表述一些無關痛養、大義凜然的話，對於尖銳的質疑，則可含糊帶過，只要國代覺得『聽得爽』，過關就無大問題。再加上審查會到投票時間短促，一些質疑未必即可確實查證，最後的結果往往是當事人與揭發者『各說各話』，在『懸案』的情況下就進行投票。」[94]。

(6)一般而言，國代出席審查會的情形並不是很踴躍，十次審查會議的出席人數分別為：一八〇、一九五、二二〇、二四一、二四三、二三八、二二七、二三五、二四四、二一四，最高和最低的出席率為 76% 及 56%，但上述數目是「簽到人數」，實際上現場的開會人數更少，以第九次會議審查被提名人蘇俊雄為例，會議開始雖有一〇九位國代簽到出席，但現場實際人數則不到五十位[95]。此種現象似顯示，大部分的國代並不太在意對於大法官被提名人的審查。

(7)美國參議院委員會在舉行大法官的任命
聽證會後，須行表決程序，且參議員的表決採
具名方式，以示負責。委員會投票後，再以「贊
同」、「不贊同」或「無意見」送交全院（一般
只有贊同者送交全院，後二者情形發生時，總
統即會換人，以免被全院否決）[96]。衡諸我國，
國民大會在審查被提名人之後，並未有類似程
序，不管被提名人資格、條件有無疑義，在未
做任何表決之下，即送交大會投票行使同意權，
如此一來，使得審查會徒具形式，無法產生「過
濾」、「篩選」的作用。

2.國民大會的投票

行使同意權審查會於完成對第六屆大法官
被提名人翁岳生等十七人之資格審查程序後，
審查會召集人即於九月一日下午召開會議，依
據國民大會同意權行使法第十二條「審查會審
查完竣後，應提出資格審查報告書，送請大會
行使同意權」及國民大會行使同意權審查會審
查辦法第六條「資格審查報告書得由審查會授
權召集人擬妥逕提大會」之規定，研擬對總統

提名的第六屆大法官資格審查報告書，以備提
報大會後行使同意權投票[97]。

　　行使同意權大會於九月二日召開，在國代
行使同意權投票之前，先進行聽取審查會對十
七位大法官被提名人之資格審查報告。在召集
人代表宋煦光國代說明審查經過及結果後，曾
有國代許瑞峰對王和雄、林國賢、陳計男、曾
華松及施文森等五位被提名人之資格適用條款
提出質疑，建請大會公決不應對上述被提名人
行使同意權投票；隨後又有楊思勤等十位國代
相繼發言，國代許陽明並代表民進黨國大黨團
發表開放黨團成員自行決定是否參加行使同意
權投票之聲明。由於有國代提出異議，因而大
會進行表決，表決結果接受行使同意權審查會
審查報告書[98]。事實上，大會和審查會均由全
體國代組成，因此審查會通過的決議，很難在
行使同意權大會上再被推翻。

　　依據國民大會同意權行使法第十三條之規
定，大會於聽取審查報告後，應即對被提名人
之同意與否舉行投票。大會即在確定第六屆大

法官資格審查報告書後，進行行使同意權投票程序。依國民大會同意權行使法第十五條之規定，行使同意權投票須有國代總額二分之一以上出席，而被提名人須獲出席代表過半數同意方能出任大法官。本次行使同意權大會出席代表共二百九十人（現有總額為三百二十一人，二分之一人數為一百六十一人，過半數），因此同意票數為一百四十六人。十七位大法官被提名人所獲票數情形如**表 2-4** 所示。

　　上述投票結果，十七位大法官被提名人，除林菊枝獲同意票一百三十五票未達半數，未被同意出任第六屆大法官之外，其餘十六位：翁岳生、劉鐵錚、吳庚、王和雄、王澤鑑、林永謀、林國賢、施文森、城仲模、孫森焱、陳計男、曾華松、董翔飛、楊慧英、戴東雄、蘇俊雄，均獲國民大會同意出任第六屆大法官，其中以「連莊」四次（第三、四、五屆）的「首席大法官」翁岳生所獲同意票數最高（不同意票數也最低）。至於林菊枝之所以未能過關，有以為其除國大同意權行使當日未到場請託，以

表 2-4 第二屆國民大會第四次臨時會對總統提名第六屆大法官行使同意權投票結果

被提名人	區分	開票處				得票總數	同意與否
		一	二	三	四		
翁岳生	同意	41	65	85	66	257	同　意
	不同意	6	1	6	3	16	
	圈選無效	5	3	2	5	15	
劉鐵錚	同意	26	52	79	36	193	同　意
	不同意	17	11	7	31	66	
	圈選無效	9	6	7	7	29	
吳　庚	同意	37	63	86	47	233	同　意
	不同意	11	5	4	23	43	
	圈選無效	4	1	3	4	12	
王和雄	同意	33	62	73	55	223	同　意
	不同意	13	6	10	15	44	
	圈選無效	6	1	10	4	21	
王澤鑑	同意	44	57	78	61	240	同　意
	不同意	4	6	7	9	26	
	圈選無效	4	6	8	4	22	
林永謀	同意	37	60	72	58	227	同　意
	不同意	9	5	12	14	40	
	圈選無效	6	4	9	2	21	

（續）表 2-4　第二屆國民大會第四次臨時會對總統提
名第六屆大法官行使同意權投票結果

被提名人	區分	開票處				得票總數	同意與否
		一	二	三	四		
林菊枝	同意	29	33	37	36	135	不同意
	不同意	14	24	37	31	106	
	圈選無效	9	12	19	7	47	
林國賢	同意	28	60	63	48	199	同　意
	不同意	17	8	15	20	60	
	圈選無效	7	1	15	6	29	
施文森	同意	26	39	54	33	152	同　意
	不同意	19	22	20	33	94	
	圈選無效	7	8	19	8	42	
城仲模	同意	45	62	67	66	240	同　意
	不同意	5	5	18	7	35	
	圈選無效	2	2	8	1	13	
孫森焱	同意	46	60	81	61	248	同　意
	不同意	2	6	7	11	26	
	圈選無效	4	3	5	2	14	
陳計男	同意	34	59	73	53	219	同　意
	不同意	11	7	11	16	45	
	圈選無效	7	3	9	5	24	

(續)表 4-3　第二屆國民大會第四次臨時會對總統提名第六屆大法官行使同意權投票結果

被提名人	區分	開票處				得票總數	同意與否
		一	二	三	四		
曾華松	同意	32	56	69	49	206	同　意
	不同意	12	8	11	19	50	
	圈選無效	8	5	13	6	32	
董翔飛	同意	30	62	79	49	220	同　意
	不同意	15	5	6	19	45	
	圈選無效	7	2	8	6	23	
楊慧英	同意	33	53	68	58	212	同　意
	不同意	12	10	14	14	50	
	圈選無效	7	6	11	2	26	
戴東雄	同意	36	58	72	53	219	同　意
	不同意	12	7	15	16	50	
	圈選無效	4	4	6	5	19	
蘇俊雄	同意	41	57	68	60	226	同　意
	不同意	8	10	19	14	51	
	圈選無效	3	2	6	0	11	

資料來源：《第二屆國民大會第四次臨時會實錄》

及在審查會時答覆國代詢問態度過於強硬外，亦因其被國民黨籍國代指為係「民進黨教父」陳繼盛律師的夫人而遭致反感之故[99]。

國民大會行使同意權投票之後，被提名人林菊枝雖未獲國大同意，依規定李登輝總統得於會期內補提人選再咨請國民大會同意（國民大會同意權行使法第十六條），惟李總統並未再補提大法官人選。國大秘書長陳金讓並於九月二日投票揭曉後，立即依照國民大會同意權行使法之規定，擬具咨文，以主席團名義具名，秘書長副署，咨復李登輝總統。李總統旋於九月五日發布任命令（行政院長不必副署），翁岳生等十六位第六屆大法官並在十月三日宣誓就職。至此第六屆大法官實際之選任過程全部結束。

第六屆大法官的選任，由於法制上的改革，加上社會環境的變遷，使得在進行的整個過程當中，較諸以往各屆有很大的變化，參與選任的因素變得更為複雜，企圖影響選任過程的各

方「動作」頻仍，各種建議及批評屢屢在報刊
上出現，全國律師公會甚至提出一份大法官人
選評鑑報告，公布了不同於總統所提名的十七
位大法官人選，未獲總統青睞的人選諸如李鴻
禧、胡佛、蔡墩銘、邱聯恭、廖義男、林山田、
陳繼盛等人，均排名在評鑑報告的前十七名之
內[100]，顯示對於總統的提名表示不滿。這份評
鑑名單，事實上在國大審查會中，對於若干被
提名人（王和雄、施文森）即曾造成壓力。

　　在總統正式提名大法官之後，社會各界對
於這份被提名人名單的反映普遍表示不滿，顯
然不同於以往各屆（對總統的提名人選多予肯
定），各種批評意見紛紛出籠，例如：(1)真正
的憲法學者如同上屆又付諸闕如（事實上，董
翔飛、翁岳生、城仲模、蘇俊雄、吳庚等人均
鑽研過憲法，惟除董翔飛有憲法專門著作外，
其餘均闕如）；(2)缺少自由派學者；(3)黨籍因
素考量過於明顯，無在野的民進黨、新黨籍人
士；(4)女性名額雖有兩位（比上一屆多一位），
而且出身背景是實務界與學術界各一位，但與

女性在司法界的人口比例相較，仍明顯有所不足；(5)出身台大法律系者人數過多（共有八位：施文森、蘇俊雄、林菊枝、戴東雄、林國賢、翁岳生、王澤鑑、林永謀），加上司法院長被提名人施啓揚（大法官會議主席），已過大法官會議出席者的半數，使得未來大法官會議儼然成爲「台大法律系同學會」，無法彰顯多元社會的思考方式及憲政主義大是大非的價值觀；(6)這份被提名人名單，其實是由「國王派下」的李元簇（副總統）、施啓揚兩大主線發展出的人脈所組成，因此可說是「國王人馬的近親繁殖」[101]。

　　當然，對李總統提名的大法官人選，亦有持肯定的意見，諸如：(1)打破歷屆以來省籍（地域）平衡的考量原則，被提名人中本省籍即有十三位，其他省籍只四位，使台灣本土的法學精英完成接班的任務；(2)是歷年來被提名人中平均學歷最高的一屆，光是具有博士學位者便有十一位，約占 65％，比例最高[102]。然由於負面意見較多，使得十七位被提名人在面對國民

大會的審查前，承受相當大的壓力，戒慎心情在所難免[103]。

　　此外，在國民大會行使同意權之前，社會各界對於如何審查大法官人選的資格也表示了不少意見，譬如即有學者提出應以法哲學基本問題來進行大法官人選資格審查的主張[104]；亦有人認為，國民大會審查大法官人選資格，不宜忽視人品素養[105]……種種看法不一而足。

　　與美國總統提名聯邦最高法院大法官、參議院審查同意大法官被提名人的過程相比，我國總統與國民大會的「把關」似乎寬鬆許多。就美國而言，其總統在提名前對可能人選的條件、個人背景，包括私生活各方面，都要有所瞭解，以免到參議院被掀出見不得人的事，或因為當事人過度具爭議性，過不了參議院的關卡，令大家都尷尬。這個初步篩選的過程，通常由總統告訴當事人，並問當事人有沒有什麼「困難」之處，當事人如有「不可告人之事」，便自己知難而退。在總統初步決定後，聯邦調查局便依法做例行性的背景調查，用一套問卷

查問過去包括私生活、所得稅、投資、吸毒、精神狀態以及是否看過精神科醫生等問題。而聯邦調查局調查所得到的資料，依其隱私法列入保密，只有白宮和少數國會領袖可以接觸[106]。我國似可考慮美國這種作法，在提名審薦小組初步決定人選或總統正式提名大法官人選後，先由調查局或情報局等相關情治單位蒐集人選的各項資料，徹底調查，以利人選未來在國大審查時能順利通過。

從上述的分析中，最後尚有一現象值得吾人注意，即在整個選任過程中，執政黨的影響力大為下降，與以往各屆完全不同，這可從底下幾點看出：(1)執政黨中央黨部秘書長（許水德）未如過去一樣，成為提名小組的重要成員之一，使其無法再對人選的主張著力；(2)李總統在核定被提名人名單後，如前所述，並未依往例提交中常會核議；(3)在被提名人名單正式出爐後，執政黨對於人選的「輔選」，由於受到輿論的抨擊，也遭到阻力。

總的來說，第六屆大法官的產生程序，雖

然較過去更爲複雜，影響整個過程的因素增加
許多，卻更見民主化，國大的審查就比之前的
監察院更爲嚴格，而更重要的是——社會力的參
與，使得選任的過程變得活潑起來，這種熱絡
的氣氛是以往所未見的，也爲吾人所樂見。

註　釋

[1]翁岳生，〈大法官功能演變之探討〉，收入氏著《法治國家之行政法與司法》，台北：月旦出版公司，民國八十六年四月，頁四一五。

[2]陳俊榮，《大法官會議研究》，台北：台灣商務印書館，民國七十八年四月，頁三三～三四。

[3]「大法官」(Justice)一詞之稱謂，原係英美法系國家的產物，為區別於一般法院法官(Judge)之稱呼，以示其對享有憲法最終且最高之解釋權者的尊崇。惟國內學界對於「大法官」一詞的用法，並未嚴格限定在英美法系國家最高解釋權者身上，大體而言，除採立法機關解釋制外，「大法官」一詞均可用之於採行普通機關及特設機關解釋制的國家。參閱第一章緒論部分。

[4]荊知仁，〈大法官會議權威應予尊重〉，收錄在氏著，《憲法論衡》，台北：東大圖書公司，民國八十年四月，頁四九七。

[5]底下七項分類均見陳俊榮，前揭書，頁一四～一五。

[6]此係八十一年十一月二十日第三次修正公布之新法條文，文句規定和未修正之前的舊法同條條文雖略有差異，但司法院設置大法官十七人之名額

並未改變。

[7]謝瀛洲，《中華民國憲法論》，台北：司法院秘書
　　處，民國六十五年十月，頁一七〇～一七一。

[8]陳俊榮，前揭書，頁一六；另參見陳俊榮，〈美國
　　聯邦最高法院大法官背景及選任過程之研究〉，《憲
　　政時代》，第十二卷第一期，民國七十五年七月，
　　頁八～四一。

[9]陳俊榮，前揭書，頁一六。

[10]同前註，頁一七；另見洪國鎮，《釋憲制度之研
　　究》，台北：嘉新水泥公司，頁一三三～一三四。

[11]若從同條第三項關於國民大會每年至少得有一次
　　集會的規定來看，則第二項「召開臨時會為之」
　　的規定似是多餘，如朱諶教授所言，國民大會若
　　每年都集會，就不必再分「常會」或「臨時會」
　　了。見朱諶，《中華民國憲法──兼述國父思想》，
　　台北：五南圖書出版公司，民國八十三年十一月，
　　頁二四五。

[12]薩孟武，《中國憲法新論》，台北：三民書局，民
　　國六十三年九月，頁二一六。

[13]參見郭崇倫，〈九年一世代，又到大法官新舊交
　　棒時刻〉，《中國時報》，民國八十三年四月廿六日，
　　九版。

[14]《聯合報》，民國八十三年四月廿二日，二版社
　　論。

[15]參見郭崇倫，前揭文。

[16]陳俊榮，前揭書，頁一七～二三。

[17]劉義周，〈司法院大法官會議解釋憲法制度之研究〉，政治大學政治研究所碩士論文，民國六十六年六月，頁十八。

[18]陳俊榮，前揭文，頁二五～二七。

[19]胡經明，〈大法官釋憲制度的先決問題〉，《憲政評論》，第十三卷第六期，民國七十一年六月，頁二一。

[20]據云係史延程。

[21]劉義周，前揭文，頁一九。

[22]法治斌，〈大法官之選任及其背景之比較研究〉，《政大法學評論》，第二十二期，民國六十九年十月，頁一二四。

[23]胡經明，〈幾個值得重視的大法官問題〉，《憲政評論》，第十六卷第九期，民國七十四年九月，頁一八。

[24]劉義周，前揭文，頁二五。

[25]同前註，另參閱，新聞索隱，〈大法官人選名單四大特色〉，《中國時報》，民國六十五年九月九日，二版。

[26]《中央日報》，民國六十五年九月九日，二版。

[27]同前註。

[28]《聯合報》，民國七十四年九月八日，二版。

[29]《中國時報》，民國七十四年九月七日，二版。

[30]《中國時報》，民國七十四年九月十三日，二版；

《聯合報》，民國七十四年九月十三日，二版。

[31]汪荷民，〈張劍寒為何辭大法官〉，《香港新聞天地》，第一五○一期，民國六十五年十一月，頁九；顏文閂，〈批評監察院的人仍做了大法官〉，《聯合報》，民國六十五年九月十七日，二版。

[32]《聯合報》，民國七十四年九月八日，二版。

[33]參閱監察院實錄編輯委員會編印，《行憲監察院實錄第一編》(一)，臺北：監察院秘書處，民國七十二年六月，頁一一三～一一六；《監察院公報》，第二三一期，民國四十七年十月十六日，頁一四七四；第四九八期，民國五十三年十月十五日，頁四六七；第六三一期，民國五十六年九月十九日，頁六七六八；第八二六期，民國六十年九月二十六日，頁九九七五；第八七一期，民國六十一年九月五日，頁一○六九六；第一○六八期，民國六十五年十月二十六日，頁一三四七七；第一三四三期，民國七十一年七月二十六日，頁五五一；《臺灣時報》，民國七十四年九月十三日，一版。

[34]《聯合報》，民國七十四年九月十日，二版；《中國時報》，民國七十四年九月十三日，二版。

[35]黃國豐，〈對強化大法官會議功能的看法〉，《臺灣時報》，民國七十一年六月十九日，二版。

[36]《聯合報》，民國七十四年九月十三日，二版。

[37]參閱《自立晚報》，〈人與事〉小專欄，民國五十

六年八月十三日，四版。

[38]《中國時報》，民國七十一年六月十一日，二版。

[39]《臺灣時報》，民國七十四年九月五日，二版社論。

[40]《中國時報》，民國六十五年九月二十九日，二版。

[41]《中國時報》，民國六十五年十月三日，二版。

[42]劉義周，前揭文，頁十八。

[43]《中央日報》，國民六十年七月十五日，一版。

[44]郭崇倫，前揭文。

[45]參見《中國時報》記者吳南山、莊佩璋的報導，《中國時報》，民國八十三年五月二十日，二版。

[46]參見《中時晚報》記者李建榮的報導，《中時晚報》，民國八十三年五月二十四日，二版。報導中指出，總統府第一局副局長張平男表示，總統府主動提出符合條件的人選有二、三百人。數目字和其篩選過後各方推薦的人選有八十多人（參見上註）有很大的出入，如果兩份報導的數目字都沒錯，則極有可能是總統府在篩選過後的八十多名人選再主動補加上去的。

[47]同前註。

[48]陳祖華，〈第四屆大法官提名拉開序幕〉，《聯合報》，民國六十五年三月，二版。

[49]以當天的《中國時報》為例，其所預測的十六位人選，只有戴東雄、荊知仁及高仰止三人沒有上

榜（被提名的是劉鐵錚、張特生及陳瑞堂），其餘均被料中，命中率高達81%。

[50]例如八十三年五月十六日《中國時報》社論〈審慎選擇憲法守護神的提名人選〉，即對於第六屆大法官的人選提出了三項條件要求。

[51]參見《中時晚報》記者林晨柏的報導，《中時晚報》，民國八十三年五月十九日，二版。董翔飛、蘇永欽二人在報導中也被提及，但此二人名字前文已提及，故此處不贅。

[52]陳俊榮，前揭書，頁十九。

[53]參見《聯合報》記者黃玉振的報導，《聯合報》，民國八十三年五月二十一日，四版。

[54]黃錦嵐，〈談第六屆大法官〉，《中國時報》，民國八十三年六月十二日，九版。

[55]同前註。

[56]詳見《中時晚報》記者陳維新的報導，報導中說，李登輝總統曾指示不對外公布審薦小組名單，主要是受到八十二年第二屆監委提名的前車之鑑，因當時監委提名小組成員名單公布後，各方人情關說如雪片飛來，使小組成員飽受困擾。《中時晚報》，民國八十三年五月二十日，二版。

[57]參見《聯合報》，民國八十三年五月二十一日，四版；《中國時報》，民國八十三年五月二十一日，四版。

[58]司法院共推薦十二名：林永謀、陳錫奎、孫森焱、

范秉閣、林奇福、曾桂香、楊慧英、陳計男、曾華松、黃綠星、林國賢、陳秀美，其中包括七位最高法院法官及三位行政法院庭長；法務部僅推薦三名：朱石炎、王和雄、林榮耀。詳見《中國時報》，民國八十三年五月二十六日，二版。

[59]律師公會全國聯合會推薦的律師有：黃主文、郭林勇、江鵬堅及蘇貞昌，同前註。

[60]見《中國時報》記者夏珍的報導，《中國時報》，民國八十三年七月三十一日，頭版。

[61]《中國時報》，民國八十三年五月三十日，四版。

[62]《中國時報》，民國八十三年六月十一日，二版。

[63]分見《中時晚報》，民國八十三年八月十一日，二版；《民生報》，民國八十三年八月十八日，二十版；《聯合晚報》，民國八十三年八月十二日，二版；《自立晚報》，民國八十三年八月二十八日，二版。

[64]《中國時報》，民國八十三年六月十九日，六版。

[65]《中國時報》，民國八十三年七月二十日，十六版。

[66]三項負面意見包括：女性名額比例過少、專精憲法者付諸闕如，未考慮超黨派的原則。

[67]參見《中國時報》，民國八十三年七月三十一日，四版。

[68]參見《中時晚報》，民國八十三年五月十九日，二版；《中國時報》，民國八十三年五月二十八日，

四版；《中時晚報》，民國八十三年六月二十五日，
二版。

[69]參見《中國時報》記者夏珍的報導，《中國時報》，
民國八十三年七月三十一日，頭版。

[70]同前註。

[71]劉義周，前揭文，頁一四～一五；另見《台灣時
報》，民國七十四年九月五日，社論。

[72]總統府第一局局長顏慶章對記者詢問的答覆，見
《聯合報》，民國八十三年八月二十四日，四版。

[73]見《第二屆國民大會第四次臨時會實錄》，台北：
國民大會秘書處，民國八十三年十二月，頁四八
二～四八四。

[74]《中國時報》，民國八十三年七月三十一日，頭
版。

[75]參見《聯合報》，民國八十三年八月二日，四版；
《中國時報》，民國八十三年八月一日，四版。

[76]《中國時報》，民國八十三年八月十一日，四版。

[77]《聯合報》，民國八十三年八月十六日，二版。

[78]同前註。

[79]《聯合報》，民國八十三年八月二日，四版。

[80]同前註；另見《中國時報》，民國八十三年八月
五日，六版。

[81]《聯合報》，民國八十三年八月二日，四版。

[82]《第二屆國民大會第四次臨時會實錄》，頁四八
五。

[83]同前註，頁四八五～四八六。

[84]參見國民大會行使同意權審查會審查辦法第五條之規定。

[85]《第二屆國民大會第四次臨時會實錄》，頁四八六。

[86]同前註，頁四八七。

[87]同前註；另見《第二屆國民大會第四次臨時會行使同意權審查會第三次會議至第十二次會議速記錄》(共十冊)。

[88]同前註。

[89]《第二屆國民大會第四次臨時會實錄》，頁五〇六。

[90]第二屆國代應選總額有三百二十五名，但因為有四位國代辭職，故現為三百二十一名。

[91]見《第二屆國民大會第四次臨時會行使同意權審查會第八次會議速記錄》，頁九～一〇。

[92]見《第二屆國民大會第四次臨時會行使同意權審查會第十次會議速記錄》，頁一四。

[93]見《聯合報》記者江中明的特稿，〈國大無力品管大法官〉，《聯合報》，民國八十三年八月十六日，二版。

[94]同前註。

[95]會議第一位發言王雪峰國代即提出權宜問題，表示現場國代不到五十位，須等人數到達相當數目後再召開。見《第二屆國民大會第四次臨時會行使同意權審查會第九次會議速記錄》，頁一～二。

[96]蔡滄波，〈請以具名投票方式行使同意權——以美國參院同意權行使為例〉，《自立晚報》，民國八十二年一月十五日，三版。

[97]《第二屆國民大會第四次臨時會實錄》，頁五〇四。

[98]同前註，頁五一〇。

[99]《中國時報》，民國八十三年九月三日，二版。

[100]見《自立晚報》，民國八十三年八月二十八日，二版。

[101]參見《聯合報》，民國八十三年八月一日，社論；民國八十三年八月十二日，四版。

[102]參見《中國時報》記者黃錦嵐特稿，〈六屆準大法官打破省籍均衡原則，專精憲法學者依舊缺席〉，《中國時報》，民國八十三年七月三十一日，四版；《聯合報》，民國八十三年八月一日，社論。

[103]國代曾憲棨在詢問被提名人王和雄時即表示，不少大法官被提名人為了審查會「已瘦了三公斤」，壓力沉重。見《第二屆國民大會第四次臨時會行使同意權審查會第十一次會議速記錄》，頁四四。

[104]顏厥安，〈以法哲學基本問題進行大法官資格審查〉，《中國時報》，民國八十三年八月十八日，十一版。

[105]司法魂，〈審查大法官莫忽視人品素養〉，《中國時報》，民國八十三年八月二十九日，十一版。

[106]《聯合報》，民國八十三年八月十八日，二版。

第三章
美國大法官之選任過程

　　美國聯邦最高法院（底下簡稱最高法院）大法官的任命，是總統一項很重要的人事任命，尼克森即曾在《紐約時報》（ *New York Times* ）中言：「總統所做的最重要任命，顯然就是對最高法院那些人的任命。總統上台又下台，但最高法院所做的決定，卻永久持續下來。」[1]的確，大多數的總統——尤其是本世紀的總統，都能同意他的看法，乃因最高法院的大法官，雖然只有九個人[2]，卻能藉其於裁判中對憲法及法令所做的解釋，而影響總統（與國會）的政策；也因此，總統在選擇大法官的人選時，特別地感到慎重。

　　直到目前爲止，美國歷任的總統（從華盛
頓到柯林頓）共提名了一百四十八位大法官的
人選（candidates）。這一百四十八位被提名的
人選當中，就任大法官的有一百零八人[3]；也
有八名被參議院確認(confirmation)卻未就職，
而只有二十八名未被參議院接受。一百零八位
就任的大法官中，屬於十八、十九世紀的有五
十七位（或五十六位）；屬於二十世紀的則有五
十一位（或五十二位）[4]。絕大多數的總統（90
％）都能任命至少一位以上的大法官，只有四
位總統例外[5]（這四位總統即 W. H. Harrison、Z.
Taylor、A. Johson 和 J. E. Carter）。

　　從一七八九年華盛頓任命第一位大法官傑
約翰（John Jay）開始，到一九九四年柯林頓任
命的第一百零八位大法官布瑞爾（Stephen
Breyer）爲止，歷任總統任命大法官的人數情
形，請參閱表 3-1。

　　歷史上，雖有一百零八位被總統任命的大
法官，但憲法關於大法官任命程序的規定，卻
極爲簡單。美憲法第二條第二項第二款規定總

表 3-1 歷任總統任命在位大法官的人數(1978－1998)

總 統	政黨黨籍	在位時間	任命而實際就任的大法官人數＊
Washington	Federalist	1789-97	10
J. Adams	Federalist	1797-1801	3
Jefferson	Democrat-Republican	1801-1809	3
Madison	Democrat-Republican	1809-17	2
Monroe	Democrat-Republican	1817-25	1
J. Q. Adams	Democrat-Republican	1825-29	1
Jackson	Democrat	1829-37	6(5)☆
Van Buren	Democrat	1837-41	2(3)☆
W. H. Harrison	Whig	1841	0
Tyler	Whig	1841-45	1
Polk	Democrat	1845-49	2
Taylor	Whig	1849-50	0
Fillmore	Whig	1850-53	1
Pierce	Democrat	1853-57	1
Buchanan	Democrat	1857-61	1
Lincoln	Republican	1861-65	5

（續）表 3-1　歷任總統任命在位大法官的人數(1978－1998)

總　　統	政黨黨籍	在位時間	任命而實際就任的大法官人數 *
A. Johnson	National Union	1865-69	0
Grant	Republican	1869-77	4
Hayes	Republican	1877-81	2
Garfield	Republican	1881	1
Arthur	Republican	1881-85	2
Cleveland	Democrat	1885-89	4★
		1893-97	
B. Harrison	Republican	1889-93	4
McKinley	Republican	1897-1901	1
T. Roosevelt	Republican	1901-1909	3
Taft	Republican	1909-13	6
Wilson	Democrat	1913-21	3
Harding	Republican	1921-23	4
Coolidge	Republican	1923-29	1

（續）表 3-1　歷任總統任命在位大法官的人數(1978－1998)

總　統	政黨黨籍	在位時間	任命而實際就任的大法官人數 *
Hoover	Republican	1929-33	3
F. D. Roosevelt	Democrat	1933-45	9
Truman	Democrat	1945-53	4
Eisenhower	Republican	1953-61	5
Kennedy	Democrat	1961-63	2
L. B. Johnson	Democrat	1963-69	2
Nixon	Republican	1969-74	4
Ford	Republican	1974-77	1
Reagan	Republican	1981-89	4
Bush	Republican	1989-93	2
Clinton	Democrat	1993-	2
			112

註：★每一任有兩位。
☆Jackson 提名 Carton，但 Carton 在 Van Buren 繼任總統後，才爲參院確認。
*William Smith(1837)及 Roscoe Conkling(1882)兩人雖被提名且被參院確認，但拒絕就任；因此，本表並未將他們兩人列入。

統「應提名，並經參議院之勸告及同意，任命……
最高法院法官」（"Shall nominate, and, by and
with the Advice and Consent of the Senate, shall
appoint……Judges of the Supreme Court"），換
言之，任命的權力是由總統及參議院共同分享，
即最高法院大法官的人選，首先要由總統提名，
總統提名之後，須經參議院確認，參議院同意
總統所提名的人選後，總統才予以任命，任命
之後的大法官始正式宣誓就職。

　　從憲法的規定上來看，大法官的選任程序
相當地簡單，最高法院有大法官出缺時[6]，即
由總統提名人選來補任，只要總統的提名獲得
參議院多數的同意，繼任的人選就可以正式就
職。通常，大法官出缺的情況有二：(1)一般的
情形是同僚大法官（associate justice）的出缺，
總統從最高法院之外的其他人中去挑選繼任的
人選。(2)較少數的情況則是首席大法官(chief
justice)的出缺，亦即院長的出缺，此時總統可
以有二種選擇人選的方法，一是和選擇同僚大
法官人選的方式一樣，從最高法院以外的人員

中，提名一位新的人選，這是一般總統最常用的方法；另一是在現任的在位大法官（sitting justices）中提名一位，來繼任院長，然後再從最高法院外面甄補一位新的同僚大法官。歷史上只有三位總統採用這種方式——一位是塔虎脫，一九一〇年胡樂（M. W. Fuller）院長去世後，塔虎脫拔擢同僚大法官懷特(E. D. White)為院長，接任胡樂的位子；另一位是羅斯福（FDR），一九四一年休斯(C. E. Hughes)院長離職後，羅斯福擢升同僚大法官史東（Harlan F. Stone）為院長，接替休斯的位子；最近的一位是雷根，一九八六年柏格（Warren E. Burger）院長去職後，雷根任命同僚大法官芮恩葵斯（William H. Rehnquist）為院長，接替柏格的位子。一般而言，最高法院院長出缺時，總統對人選的選擇，會較同僚大法官出缺時慎重些，此不僅因院長的地位較為崇高的關係，也因強而有力的院長，通常都能領導最高法院的政策方向（policy direction），使得總統在選擇時必須小心翼翼，以免在政策方向上，選擇了一位

與他不能配合的院長。

　　迄至一九九八年爲止，每一位總統平均任命一位大法官的時間，需要二十三個月左右。當然，這一個平均數並不能告訴我們什麼，而且極易引起誤解，因爲有些總統，如前所述，並未任命到任何一位大法官；有些總統如塔虎脫任命了五位，羅斯福(FDR)任命了八位，且前者在位只有一任的時間。總統如果在位的時間只有一任，甚或少於一任，則他遇上最高法院大法官出缺的機會，自然要少得多，能夠任命到大法官的機率必然要少些，易言之，他比較沒有機會藉任命去塑造最高法院的政策方向。羅斯福之所以能夠任命八位的大法官，乃因他在位的時間，前後共達十二年之久（一九三三～一九四五）。不過，有時候總統即使能在位兩任，卻未必有很多任命大法官的機會，如麥迪遜(J. Madison)及門羅(J. Monroe)兩位總統，他們雖均有八年的在位時間，前者只任命到二位，後者則僅僅只任命到一位。

　　從以上俯瞰整個最高法院大法官選任的歷

史以及憲法有關條文的規定當中，總統無疑是
選任大法官的核心所在，參議院雖然在選任的
過程中，享有同意與否的權力，然而，無論如
何，負責及決定人選的權力，完全操在總統的
手裏，雖然在選任的過程中，總統難免要受到
其他人或團體的影響（底下將有進一步的討
論）。畢竟，參議院只能對總統提名的人選，予
以否決或接受。事實上，大法官的選任過程要
比憲法所規定的複雜多了。在總統提名繼任的
大法官人選之前，即有很多人及團體送來的推
薦名單，這些人和團體，或基於其利益，或出
於其意識形態（ideology）的主張，或因其私人
的友誼關係……紛紛向總統建議（suggest）或
勸說（advice），試圖影響總統對人選的決定。
而總統本人在抉擇人選的時候，必須考慮到的
因素也很多，有時比挑選他的閣員更感到困難，
因為部長級的閣員位子至少有好幾個，但大法
官席位的出缺通常只有一個；閣員選擇了之後，
以後還有機會予以免職，但對任命之後的大法
官，總統只能束手無策。

　　參議院雖如上所述，非居於大法官選任的核心位置，但因總統提名的人選須經其確認，故在選任的過程中，參議院亦扮演一個很重要的角色，總統爲使其提名能在參議院中順利通過，在他決定人選之前必須考慮參議院的態度，甚或對某些參議員個人的建議，亦須予以重視。在紀錄上，參議院曾否決了二十八位總統提名的人選，故它絕不是總統的「橡皮圖章」。

　　本章即擬從這樣幾個角度，來探討大法官選任的過程，即分從選任過程中的「總統提名前的階段」、「總統決定人選的階段」及「參議院確認的階段」三個部分做進一步的分析。

一、選任過程之一──總統提名前的階段

　　誠如上述，因爲大法官身居要津的關係，且其所持的價值觀點或意識形態，不僅足以影響一個政府的政策方向，同時亦可能影響到很

多團體或個人的利益，是故除了總統本身關切
大法官的人選之外，其他個人或團體亦同表關
心，更希望能藉各種方法來影響總統的決定，
於是在每逢大法官出缺，總統擬提任繼任者之
前，即有不少人士及團體，紛紛向總統「進言」。
這些影響總統選擇其人選的人士或團體（the
individuals or groups that influence the presidents
to slect his nomittees），包括 ABA 與一些法律團
體、利益團體、司法部長（Attorney General）、
參議員以及大法官本身。

(一) 美國律師協會(ABA)暨其他法律團體與個人

　　對總統選擇大法官人選最有興趣的團體莫
過於美國律師協會(American Bar Association，
簡稱 ABA)了。ABA 對聯邦下級法院法官人選
的評定（分為 Exceptionally Well Qualified, Well
Qualified, Qualified 及 Not Qualified 四級），常
足以影響總統的決定。一九四六年它成立了司
法委員會，負責評定那些「潛在的被提名者」，

向政府的司法部門推薦或建議大法官人選，ABA
的建議可能被總統接受。但在這方面其影響力
卻比不上它對聯邦下級法院法官人選的影響
力，因為總統不希望在這個重要的人事任命權
上受到限制。一般而言，ABA 的角色只限定在
提名公布後，對被總統提名的人評定等級（合
格或不合格）。

　　ABA 當然希望在總統尚未決定人選之前，
先審查那些可能的潛在人選，這樣才可以影響
總統的決定。不過，總統是否願意讓 ABA 事先
審查那些他屬意的可能人選，則因人而異。如
艾森豪總統，在他提名大法官的人選之後，方
垂詢 ABA 的意見。尼克森則在對最高法院同一
個出缺的席位先後兩次提名失敗後，才允許
ABA 事先審查他可能再選擇的人選，ABA 審
查後支持布雷克曼(H. Blackmun)，尼克森遂在
一九七○年提名布雷克曼。一九七一年最高法
院因布雷克(H. L Black)及哈蘭（J. M. Harlan）
的相繼謝世，而有兩個席位的出缺，尼克森政
府即援前例，送了六位潛在的可能人選給 ABA

事先審查，並要求它把審查的重點放在加州上
訴法院法官李萊(Midred Lillie)及堪薩斯州的律
師胡萊迪(Herschel Friday)兩人身上，審查結果，
ABA 一致認為李萊「不合格」，但對胡萊迪的
意見卻甚為紛歧，且此事又被洩露出去，使尼
克森政府大感困擾，於是撤銷予 ABA 事先審查
的承諾。這是 ABA 試圖影響總統決定大法官人
選的失敗例子[7]。

　　福特總統也允許 ABA 事先審查他可能提
名的人選，ABA 予史第門士(John Paul Stevens)
的評價最高(well qualified)，這可能影響福特最
後決定選擇史氏。雷根、布希、柯林頓則似乎
均未這麼做。因而，ABA 之是否能影響總統決
定大法官的人選，則首先要看總統是否願意讓
它事先審查他想提名的可能人選，其次再看總
統是否願意以它的評審做為選擇的基準。依據
學者包姆(Lawrence Baum)的說法，福特總統是
最後一位願意讓 ABA 對總統事先建議提名人選
（有十五位）的總統[8]。

　　除了 ABA 外，尚有其他法律團體與律師

個人，亦試圖影響總統決定提名的人選。例如
一九三二年，胡佛提名卡多索(Benjamin N.
Cardozo)，據云就是因為一些法律學者的遊說
所致。較近的一個顯例，即是尼克森所提名的
海斯渥斯(Clement Haynsworth)與卡斯威爾（G.
Harrold Carswell），ABA 對之持「合格」的觀
點，但他們兩人另外卻遭到一群名律師的抨擊，
像法律學家波洛克(Louis Pollak)即認為卡斯威
爾「比本世紀任何一位最高法院的被提名者，
更無法令人信賴」[9]，這顯然抵消了 ABA 所持
「合格」的觀點。海、卡兩氏在參議院終遭確
認失敗的命運。

　　最近的一個例子是，在一九九四年大約有
一百位聯邦法院法官，寫信給柯林頓總統，聯
名支持上訴法院第八巡迴庭的法官阿諾德
(Richard Arnold)，由於阿氏本人是柯林頓在阿
肯色州時長期的老友，柯林頓有提名他的打算，
最後則因阿氏所患癌症未能確定何時可以康
復，使他變成「不適當的人選」。

(二)利益團體

就因為最高法院的決定會影響到很多的利益團體，所以利益團體也常常尋求影響總統提名他的大法官人選，但在這點上，利益團體對提名所做的公開遊說活動，顯然要比它在其他方面所做的遊說活動受到更大的限制，這是因為一般人的觀念，認為利益團體不應影響總統對大法官的提名，總統提名大法官應不受政治壓力的影響；而且也因總統在抉擇其人選時，通常均相當地保密，使得利益團體難以在事先對可能的人選，施加其壓力。

因此，利益團體積極的影響行動，通常只能在總統公布其提名的人選後，展開遊說的活動，這些活動絕大數都是反對被提名的人選。其實，此時利益團體的活動，主要的是針對參議院而言，試圖影響參議院的確認，例如雷根提名第一位女性大法官人選歐康蘿(Sandra Day O'Connor)後，即有一些反墮胎的團體公然反對她（如 National Right to Life Committee），並且

在街頭舉行示威遊行[10]。稍早，在一九七五年
全國婦女組織(NOW)亦公開反對福特提名史第
門士。當然，這些反對行動最後均遭失敗。

　　雖然如此，利益團體在總統提名之前仍具
有影響力，但因無法預知被提名的人選，以致
無法採取積極的遊說行動，所以這種影響力是
消極的，而且也不能預期。例如一個民主黨的
總統，可能就不會選擇政見和勞工組織相悖的
人選，反之亦然。像具有保守性格的雷根，乃
選擇了一位溫和保守派的歐康蘿。當然，利益
團體仍可以在提名前採取積極的行動，直接將
其意見傳達給司法部長或總統，譬如那些主張
黑權與女權的團體，對某一類特定的候選人，
即曾公然展開遊說活動[11]。

(三)司法部長

　　司法部長可以說是總統在決定大法官人選
方面，最重要的一個參與者，他不僅是總統首
席的法律顧問(the chief legal adviser)，也是內閣
的一員。司法部長除了與法院、司法界的領袖

人物時常接觸外，本人也具有相當的政治幹材，這使得他在總統提名大法官人選時，占有舉足輕重的地位。他向總統提供一份人選的名單，予總統參考，總統也希望藉著他對司法界的熟識，而能為總統本人提供一些忠告(advices)。總統常靠他獲悉司法界及法院的訊息。

　　不過，司法部長是否真的能發揮他對提名的影響力，也要因不同的總統而異。在行憲的早期，往往是國務卿（Secretary of State）在影響總統的提名上具有重要的地位。直到一八四〇年，司法部長才開始參與提名的工作；但甚至到內戰時期，總統在任命大法官前，還是常與其不同的閣員磋談，而且向國務卿垂詢仍甚於向他垂詢。從內戰時期開始，司法部長才逐漸取得了他在影響提名方面的重要地位。也是在這個時期，即布肯楠(J. Buchanan)政府時，司法部長本身首次得以成為被總統提名的人選。司法部長乃在提名方面，扮演了一個非常重要的角色。例如尼克森任內，司法部長密歇爾（John Mitchell）即向總統提供了不少人選。眾所皆知，

司法部長李維（Edward Levi）在福特總統選擇
史第門士時，必然具有決定性的地位（因爲李、
史二人在芝加哥大學時，曾是在一起的夥伴）。

（四）參議員

　　憲法原規定總統任命大法官之前，必須經
參議院的忠告及同意，制憲者是否有意使參議
院成爲總統任命大法官的「顧問委員會」
(advisory council)，我們不得而知，不過，從歷
年來實際的表現來看，固然參議院行使同意權
爲必要的手續，但參議院自始至終從不扮演顧
問的角色。反而，這種顧問的角色卻爲某些參
議員所扮演。

　　參議員所扮演的這種「顧問」性的角色，
通常是經由個人或少數幾個人組合的小團體，
非正式地向總統建議，甚且這些參議員幾乎都
和總統同一政黨者。參議員試圖影響總統提名
的例子並不多[12]，比較特別的一次，是一九三
七年參議院全體支持其多數黨領袖羅賓遜
(Joseph Robinson)爭取總統對他的提名（若非羅

氏早死的話，羅斯福可能非提名他不可）。據非
正式的估計，參議員個人的影響力實在有限，
且十九世紀時參議員在提名上的影響力，尚遠
比二十世紀要大。

　　大體而言，參議員個人關於聯邦下級法院
法官所享有的「參議員的禮貌」(senatorial
courtesy)的任用權力，對於總統提名大法官人
選並不適用，此蓋一因代表各州的參議員對此
沒有「分贓」的資本；二因最高法院大法官乃
代表整個國家，並不屬於任何一州的。但據席
格力諾(R. Scigliano)的分析，當最高法院有席位
出缺時，總統通常均願意徵求屬於該席位出缺
地區同黨參議員的意見，特別是總統所提名的
人選，而這個人選所隸屬的該州，近來已擁有
過總統的兩次提名，則此次的提名，該州與總
統同一政黨的參議員，享有向總統建議或推薦
的權力[13]，這就是席氏所謂的另一種「參議員
的禮貌」。當然，參議員享有的這種權力是非正
式的，而且也沒有保障，得視總統的作風而定。

（五）大法官

　　最高法院的大法官，無疑地對他們即將新加入的夥伴，會感到很大的興趣，有些人甚至利用此種機會，希望影響總統提名他的好友或與之在意識形態上相類似的人士，據統計，二十世紀大法官試圖影響總統提名的例子，迄一九七六年爲止，共有六十五樁[14]。

　　一般而言，大法官這種「遊說活動」是相當溫和的，譬如只是主動爲某人寫一封推薦信。有時候總統也會主動向大法官徵詢意見，例如甘迺迪總統即透過他的司法部長，向最高法院徵詢魏達克（Charles E. Whittaker）大法官的繼任人選。不過，大多數都是大法官主動向總統表示意見，而且這些大法官多半是與總統同一政黨者，一般都是強調他們所屬意的人選的「功績」(merits)。

　　通常大法官向總統的「遊說」，主要都是支持某個人選的，如一九二二年巴特勒(P. Butler)大法官之所以被哈定總統提名，塔虎脫(William

Howard Taft)院長可謂居功最偉；一九七○年尼克森提名布雷克曼，不能說沒有受到柏格(Warren Burger)院長的影響（布與柏二氏是好友）。院長似乎對干預總統的提名，要比其他同僚大法官來得積極，本世紀最著名的兩位「說客院長」，即塔虎脫與柏格。除了推薦布雷克曼給尼克森之外，歐康蘿大法官也是柏格推薦給雷根總統的。大法官也不乏對總統提反面意見（ negative advice ）者，如布瑞德萊（ J. P. Bradley ）對他可能的繼任者準備了一份報告，在報告中即斷言他居住的新澤西州無人有資格擔任大法官。比較複雜的情況是，最高法院向總統的建議，分成正反兩派，例如一九三二年何姆斯(Oliver W. Holmes)大法官退休時，史東大法官即積極替紐約州法官卡多索進行遊說，但最高法院的另外六位同僚卻反對卡多索，而支持另一個人選。

大法官雖然對總統的提名，或多或少有其影響力，尤其在一些場合裏，幾個大法官的聯名建議，更具有影響力；但不可諱言的，大法

官個人甚至是聯名的建議，也可能產生反效果，
最著名的例子即一九四三年白尼斯(James F.
Byrnes)大法官離職時，法蘭克福特(Felix
Frankfurter)對羅斯福施加壓力，希望他提名韓
德(L. Hand)法官，卻遭致羅斯福的拒絕，而以
陸特笠芝(J. Rutledge)取代韓德。

　　除了上述所言的試圖影響總統提名的團體
或個人外，似乎也有一些人——想進入最高法院
者——主動向總統示意，早期即有不少人利用這
種毛遂自薦的方式成功地進入最高法院（如 J.
Wilson, J. Rutledge, H. B. Livingston），最明顯的
即塔虎脫本人，便利用這種途徑登上最高法院
的首座[15]。然而，一般而言，有意問鼎最高法
院的「寶座」者，都是較中立性的（tended to
neutralize），他們希望以自己在社會或政治上所
獲得的（高職位）成就，引起總統的注意，或
使有力人士（如司法部長）能將他們推薦給總
統；無論如何，這種努力的結果是很難預期的。

二、選任過程之二──總統決定人選的階段

　　法律團體、壓力團體、司法部長、參議員、大法官，有意問鼎最高法院的席位者以及總統私人的朋友，不論是予總統建議、忠告、推薦或甚至是「策劃」，最後決定人選之權仍在總統，總統在聽取來自各方的意見後，決定人選之前，仍須考慮其他重要的因素，這種影響總統選擇其人選的「非人的因素」(the non-man elements that influence the presidents to slect his nomittees)，在大法官選任的過程中，具有決定性的力量，本節即把研究的焦點集中在這些影響總統決定的（非人的）因素上，並參考學者包姆的研究[16]。

(一)人選的品德與能力 (candidates' ethics and competence)

　　一般而言，總統在選擇聯邦下級法院法官時，這種對人選的品德與能力條件的考慮，顯得較不那麼重要，但對於最高法院大法官的任命，總統便很重視候選人的客觀條件，總統提名的人如果不具備這個條件的話，很可能會在參議院遭到否決，例如一九六八年詹森提名同僚大法官佛大斯 (Abe Fortas) 爲院長，即在參議院中遭到某些參議員「冗長演說」(filibuster) 的阻礙，最後迫使詹森不得不撤銷他的提名，個中原因之一，乃佛氏的操守令人懷疑[17]。又如一九七〇年尼克森在提名海斯渥斯失敗後(海氏亦因其操守有問題，在參議院以四十五對五十五票確認失敗)，再提名卡斯威爾爲大法官，卻由於其能力受到一些法律學者的質疑 (因在卡氏所裁決的案子中，很不尋常地有極高的比例被上訴法院推翻)，在參議院確認時，又重遭失敗的命運。

　　最近的兩個例子是雷根提名的金斯柏格
(Douglas　Ginsburg) 與 布 希 提 名 的 湯 瑪 斯
（Clarence Thomas）。前者被控他在任職司法部
門時有過「財務上利益衝突」的紀錄，而且曾
吸食過大麻。後者被其任職教育部及公平就業
委員會（EEOC）時的助理指控曾對她性騷擾。
前者的任命案最後由雷根主動撤回；後者在參
議院的確認最後是「低空掠過」（五十二票對四
十八票）。

　　所以，總統為了選擇具有能力及良好品德
者為大法官，他必須考察所要選擇的人選，本
身是否具有敏銳的洞察力，在法律的學術造詣
上是否斐聲聞名，他在法律界所表現的能力，
同行是如何的評價，還要查究他擔任法官或律
師甚或是議員時的經歷，以及他的品德、操守，
甚至是否具有法官的氣質（judicial tempera-
ment）。就這個角度來看，我們才可以瞭解，為
何絕大多數被總統提名的人，在他們的政治或
法律專業上，都已經有一番相當的成就。即使
像艾森豪所任命的魏達克大法官，他在最高法

院的表現，被人評爲「不及格」，並且他就任五
年後即辭職，部分也因他自認爲不能勝任大法
官的職務，但這不表示艾森豪在提名時沒考慮
到他的能力問題，因爲他在任職聯邦法院的法
官時，相當有成就，個人的能力受到了肯定，
所以艾森豪在提名他以前，並沒有理由可以預
知他無法勝任大法官的職務。而且有時某一素
具聲望的候選人，在各方鼎力的支持下，也迫
使總統不得不牽就事實而提名此人。例如當初
胡佛並不太願意提名卡多索爲大法官人選，但
因爲卡多索本人的才幹受到各方的賞識，各方
人士皆支持卡氏，使得胡佛不得不牽就來自各
方面的壓力而提名卡氏[18]。

（二）政治與意識形態上的相容性 (political & ideological compatibility)

在此，政治與意識形態上的相容性或一致
性，也就是包姆所說的「政策的偏好」(policy
preferences)，指的是候選人所持的政治觀點與
其意識形態，是否能與總統相一致，或至少不

會有太大的衝突而言。亞伯拉罕（H. J. Abraham）認為總統在考慮大法官人選時須注意到下述幾項[19]：

(1)他的選擇是否在一些有影響力的利益團體中，使他更讓人歡迎？

(2)被提名者是否為總統同黨的忠貞黨員？

(3)被提名者是否贊成總統的措施與政策？

(4)被提名者是否為其同州的參議員所接受（或至少不被「討厭」）？

(5)被提名者的「司法紀錄」（judicial record）——如果有的話——是否符合總統對憲法解釋所持的標準？

(6)總統本人是否在過去的政治事業中，受到被提名者的幫助？

(7)對他自己的選擇，總統是否感到「不錯」或「滿意」？

七項之中，(1)(2)(3)(5)項與總統對候選人「政策偏好」的考慮更息息相關——這可以說是總統決定大法官人選最重要的考慮因素，蓋大

法官個人的價值及政策的偏好，關係到總統任
內的政策方向，正因爲如此，所以大多數的總
統不願意跨黨任命（跨黨任命的比例只有 11％
而已），蓋政黨大體上是和意識形態相關的（傳
統上共和黨較傾向於保守，民主黨較傾向於自
由），而任命同黨黨員爲大法官的比例迄今仍居
高不下。即使是跨黨任命，也是因爲總統認爲
被提名者在意識形態或政策觀點上和他相近—
—這也就是齊奧圖羅斯福所謂的「實在的政治」
(real politics)，因他曾在一九〇六年給羅齊
（Henry Cabot Lodge）的一封信中提到：「就在
法院裏的律師而言，沒有什麼比一個人『虛而
不實的政治』(nominal politics)與他在法院裏的
表現完全無關這件事，更令我刻骨銘心了。他
的『實在的政治』(real politics)是最重要的。」[20]
美式政黨的黨紀，一般而言，都很鬆弛，往往
共和黨中的左翼與民主黨中的右翼，在政策觀
點上極爲接近，因此，跨黨任命不是不可能的，
而且總統若能跨黨任命，表面上也顯示他是大
公無私，以才器使。

　　就因為被提名者的「實在政治」，成為總統
選擇人選時最重要的考慮，所以才使塔虎脫所
任命的六位大法官中，居然有三位不是同黨者
（民主黨人）；使民主黨的羅斯福（他可說是最
重視被提名者的政策觀點的總統之一，主要是
和他要大刀闊斧改革的「新政」有關）任命共
和黨的史東；使民主黨的杜魯門任命共和黨的
勃頓（H. H. Burton）；使共和黨的尼克森任命
民主黨的包威爾(L. F. Powell)。然而，總統所認
為的被提名者的「實在政治」，往往並不正確，
而使他感到失望，例如自由派的威爾遜即被麥
克瑞那德(James McReynolds)的極端保守震驚
到；艾森豪對他任命的華倫(Earl Warren)與布瑞
南(William J. Brennan, Jr.)二人，亦感到不快；
而即使尼克森如何地滿意他所任命的人選，亦
不可能對那些在「聯邦控尼克森」（United States
vs. Nixon of 1974）一案中否決他的大法官感到
滿意的。據席格力諾的統計，大約至少有四分
之一的大法官與其任命者的期望相悖[21]。其實，
這對一個在位的大法官來說，是無可避免的事，

因爲特殊案件的事實與法律的狀態，可能促使
他做下與其平常所持的立場相反的裁決。

　　然而，無論如何，總統在這點上給予相當
的注意，比完全不考慮，總是要來得好。例如
雷根本人極強調最高法院的「司法自制」(judicial
restraint)，他曾批評「司法的干涉主義」(judicial
activism)，對一群聯邦檢察官說：「法院須獨立
於不妥的政治影響中，這是條神聖的原則，總
是必須要遵守的。而且讓我向你們保證，在這
屆政府任內一定服膺此一原則。」[22]他提名歐
康蘿爲大法官，不僅爲了實現他要送一位女性
進入最高法院的諾言，也因爲歐康蘿是個「司
法自制」者[23]。尼克森因感於六〇年代最高法
院在有關刑事訴訟問題的案件中所採取的自由
主義觀點，使聯邦法律的執行倍感困難，因此
很謹慎地任命了保守派人士進入最高法院。

　　至於總統如何確定被提名者的政治觀點
呢？黨籍的隸屬當然是很好的參考，他與該人
選的交情（如果被提名者與總統是朋友的話）
亦有助其瞭解，也可從此人過往的著作或對外

公開的談話內容中予以判斷，但最穩當的方式
莫過於此人的「司法紀錄」了。如雷根提名的
便全是法官出身者。然而，如前所述，即使是
一個人的「司法紀錄」，也很難預知他就任大法
官之後的政策觀點或意識形態，是否仍能繼續
堅持，抑或他的「司法紀錄」如同羅斯福(TR)
所說的，乃是一種「虛而不實的政治」。

三、追求政治的支持(pursuit of political support)

　　上述亞伯拉罕認為總統在決定人選時必須
注意的七項因素，其中第一項也可說是總統在
提名大法官人選時，必須考慮到：「是否因此而
能尋求到利益團體在政治上的支持」。這也就是
為什麼有些總統歡迎一些團體的建議。總統不
僅可藉其對大法官的提名，尋求到重要利益團
體的支持，更希望因此而得到大眾的支持。

　　總統為了藉提名而獲取人民的支持，最主
要的一個考慮因素乃地理區域的分配問題，這
種地理區域分配的考慮，十九世紀的總統比二

十世紀的總統更爲注意〔與一八九一年以前大
法官須到州的下級聯邦法院「騎馬巡行」(hide the
circuit)的制度有關〕，原則上總統希望能夠平均
分配，以尋求各州或各地理區域在最高法院平
等的「代表權」，當然，由於大法官名額有限，
要平均分配勢有所困難。歷任總統多有在地理
區域的分配上予以重視者，如林肯即成功地找
到了一位「傑出的橫越密西西比河的律師」（S. F.
Miller）及一位「加州客」（民主黨的 S. J. Field）；
而克利佛蘭在地理區域分配上的堅持，可從他
挑選胡樂當院長中看出來。最近的一個例子，
即尼克森在提名海斯渥斯以及卡斯威爾相繼失
敗以後，決定放棄原本要選擇一位南方客到最
高法院去的原則，終於選擇了布雷克曼，布氏
不僅是北方人（明尼蘇達州），而且是當時院長
柏格（維吉尼亞州）的好友。

　　宗教與種族的分配，也是訴求人民支持的
一個重要考慮，傳統上大法官幾乎全爲新教徒，
但目前的趨向顯示，天主教徒與猶太教徒，似
乎會成爲總統在考慮人選時不可疏漏的宗教因

素。很明顯地，一九五六年艾森豪之所以選擇
布瑞南，相信宗教的因素是個中原委之一。而
總統之所以要選擇天主教徒或猶太教徒為大法
官，主要還是尋求這兩種人在政治上給予支持。

　　依據培瑞(Barbara A. Perry)的研究，宗教的
因素與總統對最高法院大法官的任命二者關係
密切，他即言：「有什麼更好的方法會比提供予
那些少數宗教團體以最高法院的席位更能吸引
或『支付』天主教及猶太教徒的投票呢？」美
國歷史中，前一個半世紀確實充滿了「排外的
本土主義」（antiforeigh nativism），反天主教的
情緒強烈，以致要出現天主教徒的大法官便倍
感困難[24]。

　　第一位黑人大法官馬歇爾以及第一位女性
大法官歐康蘿，在六○年代以後進入最高法院，
顯示性別與種族的因素，也是當今總統選擇人
選時所必須考慮的，詹森任命馬歇爾和雷根任
命歐康蘿，無非要尋求黑人與婦女團體及其選
民的支持。而一旦黑人與婦女進入最高法院後，
以後的總統在提名人選時，不能不考慮這兩類

人了。布希任命湯瑪斯（黑人）以及柯林頓任命金絲柏格(Ruth Bader Ginsburg)(女性) 即可謂蕭規曹隨；後者更是一九六九年以來的第一位猶太裔大法官。

總統所隸屬的政黨不同，所顯示的對「代表權」的關切亦有差異。例如，猶太人與黑人傳統上對民主黨較爲支持，因而使民主黨的總統特別要考慮到他們在最高法院的「代表權」；反之，共和黨的總統在選擇大法官人選時，較重視保守派團體的意見。瞭然於此，對尼克森以新教徒布雷克曼取代猶太裔的佛大斯，打破了「猶太人席位」的傳統，便不以爲意了。

然而，藉大法官的提名去建立政治上的支持，其作用恐怕不是很明顯，因爲儘管大法官的提名很重要，絕大多數人並不會很在意，而且一般選民也認爲他們不可能在選任的過程中，享有重大的影響力；何況真正深究的話，由於「代表權」先天上的不平均，以及大法官本身名額的限制，在分配上極易厚此薄彼，爭取到這類人，卻又失掉那類人，可謂得不償失。

不過，利用大法官的提名（以及其他人員的任命）來獲取政治的支持，已行之有素，因而即使在缺乏明顯的效果下，總統仍然會考慮運用。

（四）私人的友誼及政治上的酬謝(personal friendship & political reward)

總統利用他的人事任命權，以分封他的競選功臣，或者作為「恩惠用人」(patronage)的資本，在美國「官場政治」中已是見怪不怪、眾所皆知的事了，有時這種總統用以酬謝功臣或好友的「分贓式職位」，除了一般的大使、公使、閣員性的職位外，還包括素有崇高名望的最高法院大法官的席位。不少總統即把這種「最崇高的獎賞」，「奉贈」給他的政治夥伴或好友。

例如塔虎脫任命陸頓(H. Lurton)，威爾遜任命布南戴斯（Louis D. Brandeis），杜魯門任命勃頓，以及甘迺迪任命懷特，其出發點不無這層考慮。較近的一個顯例，即詹森對佛大斯的任命。佛大斯是詹森長期的一個密友，但他本人並不太願意接受大法官的職位，詹森自始

即一直慫恿他接受，最後他終於接受了詹森的
「懇求」(entreaties)，不太願意地繼任了高爾柏
格(A. Goldberg)大法官因就任聯合國大使辭職
後所留下的席位[25]。

　　事實上，歷任總統所提名的一百四十八位
大法官人選中，大約有 60％的被提人，都和提
名他的總統相識（即使未相識，提名他們的總
統本人，在大多數的情況裏，也都擁有被提名
者的第一手資料）[26]。總統提名他的政治夥伴
甚或密友爲大法官，除了因爲私人的交情與政
治上的酬謝之考慮外，還有一個理由，即總統
對這些人的才幹、品性及其政治觀點，有較自
信的瞭解，以免「所託非人」。

　　利用大法官的提名做政治上的酬報，最顯
著的例子，可說是艾森豪對華倫院長的任命了。
因華倫曾在一九五二年共和黨大會中，鼎力支
持艾森豪，艾森豪之能贏得共和黨的總統候選
人，華倫居功甚偉。艾森豪上任後，對華倫這
樣的安排，多少也是基於政治酬謝的動機。

　　另外一種較特殊的「酬報」方式，即是總

統可能利用最高法院大法官的提名，而把令他感到頭痛的「麻煩人物」（a troublesome individual），送到最高法院這個「可能更安全的地方」(a presumably safter place)。如威爾遜任命麥克瑞那德和柯立芝任命史東，部分是因為這二個人在任職司法部長時，「惹了一些麻煩」，所以，威、柯兩位總統即用這種「反照顧」(deserved)的方式，將他們引進最高法院去[27]。

　　自然，總統在提名大法官時，是否會考慮這個因素（酬謝夥伴在政治上的支持），仍因人而異，譬如最近的幾位總統尼克森、福特、雷根、布希及柯林頓，似乎較不重視這層考慮。

三、選任過程之三──參議院確認的階段

(一)確認的過程

　　總統對於最高法院大法官的提名，須送交

參議院確認，參議院確認大法官的這種同意權，依美國憲法第二條第二項第二款的規定，係其獨享的權力，換言之，總統提名的大法官人選，只須參議院同意即可，毋須再經國會另一院眾議院的確認。

　　所謂「確認」(conformation)，從憲法該條文字來看，其涵意不外乎「諮詢」(advice)（也譯爲勸說或忠告）與「同意」(consent)。「同意」一詞指參議院須對總統所提名的人選做可否之決定，不難理解，其義甚明；惟「諮詢」一詞，則較爲曖昧，是否即指總統提名大法官須「依據參議院之意見」，抑或僅指「徵詢其意見」即可，未有定論。若按「諮詢」與「同意」兩詞並舉的文義來看，則憲法所謂「諮詢」，指的應即「徵詢」(consulting）之意。

　　然而，大多數的總統在決定其大法官的被提名人選之前，均未事先與參議院或參議員諮商，類似提名地區法官的那種所謂「參議員的禮貌」的陋習，對總統提名最高法院大法官人選來講，基本上並不適用，已如前述。在本世

紀，與大法官被提名人來自同一州的參議員，
並未享有任何特別的權力，此蓋因參議院在總
統決定被提名人的「選擇過程」中，其所扮演
的角色，已為其組成分子（所有的參議員）所
分擔。有些總統，例如柯林頓，雖亦會事先與
個別參議員諮商某些可能的人選，但主要還是
徵詢自己政府部門的意見[28]。

　　事實上，參議院確認大法官被提名人的過
程，遠比憲法所規定的文字「諮詢參議院並取
得其同意」要來得複雜許多，例如參議院未必
即要由其全院議員為可否投票之決議，才能完
成確認的「同意」過程，有些被提名人在參議
院未做最後的「同意」投票前，即為總統主動
撤回其提名，一九六八年佛大斯被提名為最高
法院院長時，在參議院遭到「冗長演說」的阻
撓，由於企圖結束「冗長演說」的表決失敗，
使得詹森總統主動撤銷提名案，即為顯例。如
此一來，吾人似可將「諮詢參議院」一詞的意
義予以擴大，即在參議院最後未行使其同意權
的表決之前所歷經的諸種確認的過程，均可視

爲參議院對於總統的「諮詢」。

　　根據麥克肯基(G. Calvin MacKenzie)的分析，參議院此一包括諮詢與同意的確認過程，可以**表 3-2**表示之[29]。

　　誠如麥氏所言：「確認是一項過程，不僅僅只是一種投票。」[30]，以**表 3-2**來看，參議院在確認大法官的提名案上，不只是行使贊同與否的投票而已，中間還要交付司法委員會審查；即便是投票，也要包括院會及委員會兩次的投票，甚至在過不了委員會審查這一關，大法官的提名案就被總統主動予以撤銷，連院會也沒機會投票表決了。

　　一般而言，大法官的提名案在參議院的確認過程中，大多數都進行得很順利，從提名案送交參議院開始，以迄於它最後的投票表決，通常不須兩個月，像布雷克曼和史第門士兩位大法官的確認過程，所花時間更不到三個星期。參議院在收到總統送交的大法官提名案之後，即交付司法委員會審查；司法委員會的審查一般以舉辦聽證會(hearings)的方式進行。事實上，

表3-2 參議院確認最高法院大法官的過程

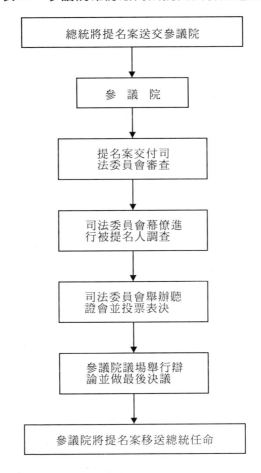

總統將提名案送交參議院

參 議 院

提名案交付司
法委員會審查

司法委員會幕僚進
行被提名人調查

司法委員會舉辦聽
證會並投票表決

參議院議場舉行辯
論並做最後決議

參議院將提名案移送總統任命

在聽證會召開之前，司法委員會的幕僚人員便
已進行被提名人的調查工作，甚至聯邦調查局
(FBI)更早即已展開查訪；不僅如此，連共和、
民主兩黨的人事部門亦自己私下自行審查，他
們的審查通常以 FBI 的資料做基礎，然後在華
府及該人選居住之州進行訪問[31]。

　　參議院所花的時間，一般都集中在司法委
員會舉辦的聽證會以及委員會所做的報告（在
院會中）上，一旦院會接受委員會的審查報告，
很快就會進行投票的表決。以歐康蘿大法官的
提名案爲例，花在提名與聽證會之間的時間就
有二個月之久，但在聽證會結束之後，參議院
馬上便進行表決。在過去所舉辦的聽證會，通
常只需一天即結束，多半的案子只是循例舉行，
比較特別的是布南戴斯大法官的聽證會，一共
持續進行十九天。然而，從一九五〇年以後，
聽證會所花的時間，一般已經增加到至少兩天，
像海斯渥斯及佛大斯（被提名爲院長）兩位的
提名案，更耗費八天及十一天在司法委員會的
聽證會上[32]。至於在聽證會結束後的司法委員

會的提名報告，有時候也會耗掉不少時間，尤
其是碰到被提名人的爭議性很大時，例如前所
舉布南戴斯的例子，司法委員會所做的提名報
告，前後共持續一百廿二天[33]。

　　在整個確認的過程中，尤其是在司法委員
會的聽證會上，被提名人的態度和行爲，對確
認的結果至關重要。以一九九一年布希總統提
名的湯瑪斯大法官爲例，在面對司法委員會的
審查時，他僅就某些法律問題做答，對其他問
題則多半不予答覆，尤其對他過去已表示過的
看法拒絕承認；由於他這種態度，使得反對他
的參議員越來越多，最後委員會對他的提名案
表決結果，以七票對七票做成「不予推荐」(no
recommendation)的決議送回院會[34]。反之，一
九八一年雷根總統提名的歐康蘿大法官，之所
以能被參議院「完全」接受（九十九票對零票），
其中一項至爲重要的因素是，在她被提名之後
而參議院司法委員會尚未舉行聽證會之前，便
很快地親自拜訪一些參議員。爲了影響或拉攏
參議員，司法部會特地安排被提名人與一些參

議員會談。據悉，尼克森提名的聯邦上訴法院法官卡斯威爾之所以無法在參議院過關，與司法部未能如期安排他與三位持有異議的參議員面談有極大的關係[35]。

　　倘若大法官的提名案在司法委員會審查後未被否決而送回參議院（院會），那麼參議院本身的審查，除了具重大爭議性的提名案之外，一般舉行辯論的時間都不會超過兩天，例外的情形，像佛大斯被提名為院長及芮恩奎斯被提名為同僚大法官時，便都各花了五天時間；海斯渥斯的提名案更耗掉一星期之久[36]。有些提名案，在參議院議場裡，遭致某些參議員強烈的反對或抵制，不僅激烈的爭辯避免不了，而且有時還可能遭到某些參議員「冗長演說」的阻撓，如前述佛大斯的提名案即是。儘管如此，從參議院行使同意權的紀錄來看，大多數最高法院大法官的提名案，都能輕騎過關。

(二)確認的紀錄

　　直到一九九四年底最近的一位大法官布瑞

爾(Stephen Breyer)被任命為止,在為數總共一百四十八位被提名的大法官人選中,為參議院確認失敗的人選,共有二十八位(不管他們是被投反對票或是因為參議院的「不採取行動」而無法過關),約佔確認總數的六分之一;比例雖然不高,但與總統所提名的其他須經參議院同意的人員相較,其失敗率仍顯偏高,例如以內閣閣員的提名而言,總統提名的總數不僅遠較大法官為多,而且只有九位未能過關。

大體而言,二十世紀中總統對大法官的提名,成功的機率要比十九世紀高些。從一九○○年開始迄今,在參議院所確認的六十位被提名者中,只有五位被否認,即一九三○年胡佛所提名的派克(John Parker);一九六八年詹森拔擢為院長的佛大斯;尼克森先後為補任同一個席位在一九六九年所提名的海斯渥斯,和一九七○年所提名的卡斯威爾;以及雷根在一九八七年所提名的玻克(Robert Bork)。甚且被參議院確認通過的人選中,只有塔虎脫所提名的皮特涅(M. Pitney)(五十對二十六票),以及布希提

名的湯瑪斯（五十二對四十八票），少於三分之二的贊成票數[37]。

　　惟若以二十世紀參議院確認大法官人選的歷史來看，上述提名成功的紀錄，很容易引起誤解。事實上在二十世紀中有兩個時期，被提名者有極高的比例面臨到強烈的反對。第一個時期是從一九一○年到一九三○年間，在這期間，有不少被提名者受到參議員在意識形態方面的抨擊。第二個時期即從一九四○年代末期持續至今，這段期間，參議院在審查被提名人方面顯得愈來愈為關注，這可從他們花在聽證會上的時間愈來愈長得到證明。從一九四九年的克拉克(Tom Clark)到一九九四年的布瑞爾中，共有三十一位被總統提名的人選，參議院行使同意權表決的有二十八位，其中有四位確認失敗，七位獲得十張以上的反對票，而且還有些人遭到強烈的反對。參議院在這段期間的投票紀錄，可用**表 3-3** 顯示出來。

　　從**表 3-3** 可知，儘管在這段期間，總統的提名通常都能成功，但參議院對被提名人的審

表 3-3　1949-1994 參議院對大法官提名的表決紀錄

被提名人	提名年份	票　決
Tom Clark	1949	73-8
Sherman Minton	1949	48-16
Earl Warren	1954	NRV ＊
John Harlan	1955	71-11
William Brennan	1957	NRV
Charles Whittaker	1957	NRV
Potter Stewart	1959	70-17
Byron White	1962	NRV
Arthur Goldberg	1962	NRV
Abe Fortas	1965	NRV
Thurgood Marshall	1967	69-11
Abe Fortas☆	1968	withdrawn★
Homer Thornberry	(1968)	no action
Warren Burger	1969	74-3
Clement Haynsworth	1969	45-55
G. Harrold Carswell	1970	45-51
Harry Blackmun	1970	94-0
Lewis Powell	1971	89-1
William Rehnquist	1971	68-26
John Paul Stevens	1975	98-0
Sandra Day O'Connor	1981	99-0
William Rahnguist ☆	1986	65-33
Antonin Scalia	1986	98-0
Robert Bork	1987	42-58
Douglas Ginsburg	(1987)	no action

(續)表 **3-3**　1949-1994 參議院對大法官提名的表決
　　　　　　　紀錄

被提名人	提名年份	票決
Anthony Kennedy	1988	97-0
David Souter	1990	90-9
Clarence Thomas	1991	52-48
Ruth Bader Ginsburg	1993	96-3
Stephen Breyer	1994	87-9

資料來源：Elder Witt, Congressional Quarterly's Guide to the
　　　　　Supreme Court, 2d ed. (Washington, D. C: Congres-
　　　　　sional Quarterly Inc., 1990), p. 998; Lawrence Baum,
　　　　　The Supreme Court (Washington, D. C.: Congres-
　　　　　sional Quarterly, Inc., 1995) , p.51.

註：＊未紀錄票數。
　　☆擢升爲院長。

　　★在參議院擬打消反對提名的「冗長演說」失敗後，撤
　　銷提名；打消「冗長演說」的表決票數爲四五對四三，
　　但需三分之二多數方可成立。

查仍非常慎重，顯然參議院絕非總統的「橡皮
圖章」，並不採取所謂「自動確認的政策」(a policy
of automative confirmation)。依據包姆的分析，
上述被提名人在參議院中的確認情形，可歸納

為三種類型[38]：

(1)確認容易者(The Easy Confirmations)──在
一九六八年與一九九四年間，為參議院審查的
被提名人有十七位（因為有兩位未送到參議院
院會，所以參議院「未採取行動」），其中有九
位的確認，屬輕騎過關者，包括：柏格、布雷
克曼、包威爾(Lewis Powell)、史第門士、歐康
蘿、史卡利亞(Antonin Scalia)、肯奈迪（Anthony
Kennedy）、金絲柏格與布瑞爾；這九位被提名
人之中，有五位是獲得全數通過，包威爾獲有
一張反對票，柏格和金絲柏格則各得三張反對
票，布瑞爾雖有九張反對票，但仍可勉強歸入
此類。

(2)確認困難者(The Difficult Confirmation)──
有一些被提名人雖然最後為參議院確認通過，
但其過程卻非常艱辛，可謂「贏來不易」，這些
人選包括：在一九七一年被提名為同僚大法官
及一九八六年被提名為院長的芮恩奎斯、一九
九一年的湯瑪斯，以及一九九○年的史特(David

Souter)。這幾位被提名人，由於他們保守主義
的色彩，在確認過程中，遭到自由派參議員及
利益團體的反對。

　　(3)確認失敗者（The Defeats）──自一九
六八年以來，有四位被提名人在參議院中，遭
到確認失敗的命運，其中光是一九六八到一九
七〇年這兩年之中，就有三位無法過關；若把
一九六八年湯柏瑞(Homer Thornberry)未爲參議
院全院表決也算進去的話，人數就增加到四位，
失敗比例最高，時間也最集中。這四位確認失
敗的被名人，佛大斯是因爲在參議院的審查中，
無法打消反對他的「冗長演說」，在佛氏本人主
動的請求下，撤銷對他的提名；另外三位海斯
渥斯、卡斯威爾以及玻克，皆因表決失敗（票
數分別是四十五對五十五、四十五對五十一、
四十二對五十八），而慘遭淘汰。

　　上述的紀錄顯示，總統提名的大法官人選，
要獲得參議院的「諮詢與同意」，似有越來越爲
困難的趨勢，如上所述，參議院對於總統的大

法官提名案，並不採「自動確認的政策」，使得總統在決定提名人選之前，必須慎重考慮，哪些因素會導致參議院拒絕其提名的人選，底下擬對這些因素進一步加以探討。

（三）影響確認成敗的因素

雖然參議院確認總統提名大法官人選的成功率有百分之八十左右，但令吾人感興趣的不是這份成功的紀錄，值得探討的是：總統的提名爲何會失敗？其原因何在？亦即在何種情況下參議院拒絕了總統的提名？依據多數學者的意見，其原因大概有如下四點：

1.總統在參議院中所具有的政治影響力

總統本人如在參議院中所獲支持有限的話，亦即其對參議院不具有太大的影響力，那麼將會讓那些想反對他的參議員覺得有機會打敗他的提名案，而不認爲對被提名人的阻撓會功虧一簣。關於這一點可分爲兩個方面來談：

其一爲政黨的因素。所謂政黨的因素是指參議院的多數黨是否與總統同一政黨而言。如

果總統的政黨能同時控制參議院的話，則總統提名大法官人選的成功率有 90％；反之，則只有 61％的成功率[39]。以同為雷根提名的史卡利亞（一九八六年）及玻克（一九八七年）為例，卡、玻二氏同樣均以強烈的保守派聞名，但前者確認成功，後者卻無法闖關，主要原因之一係卡氏面臨的是為共和黨控制的參議院，而經過一九八六年的改選後，玻氏面對的卻是民主黨佔多數的參議院。

其二為總統提名的時機。總統提名大法官人選的時機，若是在他任上的前三年內，則成功率約有 87％；反之，如果在他最後一年任內或所謂「跛腳鴨」(lameduck)時間內[40]，則確認失敗的比例為 15：11。總統提名的時機之所以重要，部分是因為在他任期將屆尾聲時，其權力通常有下跌的傾向；另外更重要的原因是，黨派的力量在大選年時可能增加，反對黨可能試圖拖延任命的時間——尤其是當反對黨重新入主白宮時——而把任命權保留給同黨新任的總統。

　　依據席格力諾的研究，只有上述兩種情形同時出現時，換言之，即總統提名大法官的人選是在他最後一年任內，而此時參議院恰為反對黨所控制，才可能真正會遭致確認失敗的命運。如果參議院雖為反對黨所控制，但總統是在他任上的前三年內提名的話，則多數仍可被通過（約 64％）；但如果是上述兩種情形同時發生的話，則成功率只有 27％[41]。本世紀總統的提名，之所以能在參議院的確認上非常的成功，部分是因為上述那兩種不利的情況並不常出現的緣故。

2.利益團體所扮演的角色及其態度

　　此一因素也是政治性的。如果某些團體對參議員而言，對其競選具有相當的影響力，而這些團體又發起反對大法官被提名人的運動，那麼該參議員會認為對被提名人投反對票，才能鞏固他的政治利益，尤其是這些團體所持的觀點與該位參議員隸屬之州的主流意見相一致的話，則更是如此。

　　一般而言，利益團體對於總統提名的大法

官人選，反對者要較支持者來得普遍一些，蓋因那些支持被提名人的團體，通常都會認為確認通過是理所當然的事。在六〇年代末期以前，利益團體試圖影響確認過程的活動，相當地有限，且也是零零星星的。轉捩點在一九六八年詹森總統提名佛大斯為最高法院院長那次，雖然佛大斯的提名案，背後有自由派團體給他撐腰，終因保守派團體的強力杯葛，使得佛氏的確認功敗垂成，但卻因此開啓了一個新的紀元，即愈來愈多的利益團體捲進參議院的確認過程之中。海斯渥斯、卡斯威爾、芮恩奎斯、玻克、湯瑪斯等人，都曾遭到利益團體強烈的反對，海、卡、玻諸氏不幸過不了關，確認通過的芮、湯二氏，也贏得不漂亮。

　　利益團體捲進參議院的確認過程之中，晚近的趨勢有了明顯的轉變，這可從下面三點看出來：首先，涉入團體的層級愈來愈高；其次，涉入團體的數目愈來愈多；再次，涉入團體的活動愈來愈密集。而這些轉變則和兩項因素有關：其一是利益團體越來越有這種察覺——提名

誰進入最高法院，對他們來講至關重要；其二
是利益團體的領袖從他們自己的經驗以及其他
人所做過的努力當中，增進不少能力，知道如
何有效地參與確認的過程[42]。

3.被提名人本身的條件

被提名人本身的條件，在此指的有兩項，
其一為被提名人本身的品德與能力(the
nominee's ethics and competence)；其二為被提
名人本身的政策偏好(the nominee's personal
policy preferences)。

先言前者。大法官被提名人，雖多為一時
之選，但也有一些人在操守或能力上有問題。
譬如佛大斯從同僚大法官被提名為院長時，在
操守上就被人提出質疑：美利堅大學(American
University in Washington, D. C.)曾給他安排九場
演講，九場的演講費總共付給他一萬五千美元，
如上所述，佛氏的提名最後遭到撤銷的命運。
一九九一年布希提名的湯瑪斯大法官，在參議
院確認期間，所傳出的性騷擾案，曾經喧騰一
時，若非民主黨一些議員因為他是黑人的關係

而倒戈支持他，很有可能步上玻克的後塵。又
如另一位確認失敗的被提名人卡斯威爾，在確
認過程中，被人質疑他的司法能力有問題，而
且資料顯示，他所做的判決有很不尋常的比例
在上訴審中遭到推翻。

　　如果候選人的品德與能力皆沒問題，被抨
擊的只是其意識形態的屬性問題，則參議院也
很難拒絕他。例如芮恩奎斯的提名案，雖遭到
民權領導協會(LCCR)、美國公民自由聯盟
（ACLU）等自由派團體的反對，但因他的能
力與品德皆無問題，最後參議院仍以六十八對
二十六票通過他的提名。

　　次言後者。依據羅德(D. W. Rohde)及史培
斯(H. Spaeth)兩位學者的研究，假定總統選擇他
的大法官人選，是根據他對候選人個人政策偏
好的瞭解，而且再假定事實上大法官在審理案
件時是依照他的偏好做決定，則這項（被提名
人的政策偏好）因素便可以解釋參議院在具有
爭議性的提名確認中所表現的行為，換言之，
即較傾向自由心態的參議員，比較可能支持自

由派的被提名人，而反對保守派的被提名人；
反之亦然。甚至我們進一步可以發現：與其投
票行為相關的是參議員個人所持的意識形態，
而非政黨。自由派的共和黨人(liberal Republicans)
較接近「自由型的投票模式」(a liberal voting
pattern)，而保守派的民主黨人(conservative
Democrats)則較傾向於「保守型的投票模式」(a
conservative voting pattern)。令我們驚訝的是，
溫和派或中間派的參議員，他們的政治觀點雖
較不極端，但他們對被提名人政策偏好的認知，
在決定其投票的考慮上，較不具重要的地位，
他們可能更重視其他的考慮[43]。

　　就二十世紀來看，被提名者的政策偏好，
已變成參議院反對提名的主要因素，那些獲有
十張(或以上)反對票的被提名者，被反對的最
主要原因，幾乎都是因為其政策觀點不被同意。
例如，在一九五○及六○年代時期，有十一票
反對哈蘭(John Harlan)及馬歇爾(T. Marshall)，
有十七票反對史迪瓦特(Potter Stewart)，主要是
因為保守的南方黨參議員在種族問題上，不能

同意他們的觀點[44]；同樣的情形，芮恩奎斯之
獲有二十六張反對票，也因自由派的參議員不
能接受他的保守觀點。

4.大法官提名案本身的益趨重要性

　　此一因素為包姆在新版（一九九五年）的
《最高法院》（*The Supreme Court*）一書中所提
出的[45]。包氏認為，大法官提名案本身明顯所
具備的重要性，已讓參議員感受到，擊敗總統
的大法官提名案是有相當的意義的。最高法院
在具重大爭議性的政策案件上所做的裁決，愈
來愈為重要——這可以解釋為何參議院對於近
來的提名案在審查上益趨嚴格。試想，如果某
位被提名人一旦順利通過確認進入最高法院，
而足以導致最高法院政策傾向的轉變，其提名
案豈非異常重要？

　　以同屬強烈保守派的史卡利亞及玻克兩人
的提名案為例，前者因其所欲取代的同是強烈
保守派的柏格院長，所以當其進入最高法院後，
對原來的政策傾向不會有很大的改變，因而能
為自由派參議員所容忍；反之，後者由於擬取

代的是溫和保守派的包威爾大法官，本來在意
識形態上保守自由兩派略呈平分秋色的情形
下，將因強烈保守派的玻克進入最高法院後而
使政策傾向改變，則玻克所遭遇的自由派的反
對當可想像。

　　無論如何，由於參議院享有確認大法官人
選的權力，總統在提名前不能不考慮參議院的
態度。儘管提名失敗之後，總統還可以再次的
提名，但這已損及總統個人的威望，相信每一
位總統均不願像尼克森那樣，願意嘗試兩次提
名的失敗。

　　自一九六八年以來，參議院在審查大法官
被提名人上扮演了較諸以往更為積極的角色；
促使參議院採取更為積極的審查態度的主要因
素之一，就是上述所說的——利益團體杯葛被提
名人的活動益趨密集與強烈。此外，另一重要
的因素是，對於「一名大法官進入最高法院之
後將會對國家政策產生相當的影響」這樣的認
知，愈來愈普遍，也促使參議院在確認的過程

中不願放鬆。像墮胎與反墮胎的爭議就是一個顯例，一名自由派或保守派的大法官進入最高法院後，就足以影響政府對於這一議題的決策。正因爲確認成功與否，有著舉足輕重的影響，所以即便不是具有爭議性的被提名人，例如史特、金斯柏格，參議院對他們的審查也沒放鬆。

麥克肯基在他的《總統任命的政治學》(*The Politics of Presidential Appointments*)一書中，曾經形容參議院的確認過程：與其說它像戰爭，不如說它更像外交[46]；一言以蔽之，它是一種你來我往式的複雜的政治。總統（政府部門）費盡心思提名了他的大法官人選，提名之後在參議院的確認過程中，還要設法遏止參議院興起的反對勢力。參議院面對被提名人，贊成與反對，保衛與抗爭，各自使盡手段去達到自己的目的。議場外的利益團體，不管支持還是杯葛，熱烈的行動更有推波助瀾的效果……微妙的影響力遂逐漸擴散開來。麥氏以「外交戰」來描述參議院的確認過程，再恰當不過。

雖然參議院對於大法官被提名人的確認，

一開始就不是「橡皮圖章」，不採所謂「自動確認的政策」，但是除了極少數個案外，大部分的被提名人都被確認通過。原因之一是總統通常都提名那些參議院可以接受的人選；但更爲根本的原因是，一般參議院一開始都是假定他們是贊同被提名人的——正因爲有這種「假定」，總統才擁有大部分的權力，來決定誰可以進駐最高法院的席位[47]。總之，參議院由於擁有提名的同意權，不僅分享了總統的任命權，更是美國三權分立體制具體而微的反映。

大法官從只是眾多可能候選人中的一員，經由總統的提名而雀屏中選，先經參議院的確認，最後再經總統的正式任命，歷經種種手續（或程序），才正式就任，而成爲九位在位的大法官之一。在憲法規定的程序外，於選任的過程當中，還要經過聯邦調查局的安檢（安全檢查）、兩黨負責人事的單位的調查，而參議院司法委員會的聽證程序又是必要的，亦即他在被提名前即要經過種種的考驗才能脫穎而出，即

使在被總統提名之後，亦須經歷層層的考量，
方能正式躋登最高法院大法官的席位。

　　是否有機會進入最高法院，關鍵在總統的
決定，但有很多的個人及團體可以影響總統的
決定，這些人包括政府內外的人士，如司法部
長、參議員、大法官、利益團體、法律團體（ABA）
及一些法律學者等。

　　但儘管上述那些個人或團體，都可能影響
總統的決定，最後仍需總統本人的抉擇——他必
須考慮眾多的可能因素，如人選的品德與能力、
人選所持的政治（或政策）觀點及其意識形態，
以及其是否具有某方面的「代表性」，足以做為
訴求某類團體或選民的憑藉，是否需要以大法
官的職位做為對其政治夥伴或競選功臣的酬
報……總統在考慮這些因素時，不可能不受其
他人的影響，尤其如果他對司法界稍感陌生，
抑或對可能的「潛在人選」有關的資料不甚清
楚的話，他的提名權可能要由人分享，而雄才
大略的總統通常是不願意讓這麼重要的人事任
命權與人分享的。

　　在可能影響總統決定的因素中，最重要的
莫過於候選人本身的意識形態與政策觀點了，
因為這跟他的政府內的政策與施政息息相關，
在美國三權分立的體制中，最高法院所享有的
「司法審查權」(judicial review)，具有審查政策，
甚至是決定政策的實質作用，而最高法院僅由
九位大法官組成，大法官的政策觀點自然很容
易間接由於運用司法審查權的結果，反映在審
理的案件上，而影響政府的決策，雄才大略而
欲有一番作為的總統，自然不希望最高法院的
「政策方向」與之背道而馳，這類總統必然最
關注大法官個人所持的政策觀點，對其提名人
選在這方面的重視自是不必說了。羅斯福(FDR)
最初因為最高法院的「作梗」，甚至有使他想重
新改造法院（court-packing）之舉。後來因為他
有機會陸續任命數位大法官進入最高法院，「新
政」實施已無疑慮，在穩操勝算下，任命他第
六位大法官白尼斯時，才較不堅持重視被提名
者政治觀點的原則。

　　總統提名大法官人選後，最後還是需要參

議院的確認，參議院在大法官的選任過程中，
地位雖不如總統重要，畢竟仍是一個很重要的
角色。它的確認，大部分均通過總統所提名的
人選，只有少數例外。雖然如前所述，影響參
議院確認成敗的因素不少，但最重要者恐怕亦
爲被提名者的政策觀點，與之政策觀點或意識
形態不同的參議員，當然會對人選加以「杯葛」，
而且我們別忘了，參議員背後也有其選民及利
益團體的壓力。

　　被提名的人選在參議院確認通過後，總統
即予以正式任命，但極少數的情況，總統可能
利用「休會任命」(a recess appointment)，這種
任命事先無須參議院的同意，像這種情形，主
要發生在參議院還剩一個月的會期或在參議院
休會中，正好碰到最高法院大法官的出缺；但
參議院復會後仍保留有確認的權力。通常，在
這種情況下，參議院行使其同意權時，不可避
免要受到既成事實的影響。例如艾森豪所提名
的五個人選當中的四位，都是休會任命的。然
而從六○年代開始，就不曾再有休會任命的大

法官了。

　　各界人士，包括總統本人，之所以如此重視大法官的選任，主要是最高法院的這九位大法官的決定，均可以影響到他們切身的利益，誠如羅德爾(Fred Rodell)所言，「美國最高法院這九個人，同時是世界上所有統治別人的人當中，最有權力的，也最無責任的」[48]。所謂最有權力，乃指他們所做的決定，是最終的也是最高的，別人無法更改（除非修憲）；所謂最無責任，是指他們不必對人負責，除了因被彈劾而下臺外，沒有人能決定其去留，因為他們是終身職的。難怪乎總統在決定大法官人選，以及參議院在行使其同意權時，那樣戒乎其慎，鄭重其事，深怕所託非人。

註　釋

[1]*New York Times*, October 22, 1971, p.24。

[2]目前最高法院大法官的人數有九位，這個數目是從一八六九年以來一直維持著的。當初一七八九年的 Judiciary Act，規定最高法院的大法官人數為六位，隨後，由於法令的變動，使得大法官的人數亦因而經常更動：五、六、七、九、十、七和九位。大法官人數之所以經常變更，部分是因為要配合大法官在聯邦較低層級法院的職位（當時大法官還須掌理上訴巡迴法庭的業務），另部分是因為要配合總統與國會的黨派及政策目的。See Lawrence Baum, *The Supreme Court* (Washington: Congressional Quarterly Press, 1995), p.14。

[3]真正由總統任命的大法官（並且實際上就任的），共有一一二人次，但因 E. D. White, Charles E. Hughes，Harlan F. Stone 及 William H. Rehnquist 四人就任過二次（一次為同僚大法官，另一次為首席大法官），所以，如果將他們四人只各算一次的話，則就任大法官的共有一○八人。

[4]因為 E. D. White 就任過二次，一次在一八九四年，另一次在一九一○年，故可列入十九世紀的大法官中，也可以列入二十世紀的大法官中。

[5]如表 3-1 所列，只任命一次大法官人選的總統有十位，即 J. Monroe (1817-25), J. Q. Adams (1825-29), J. Tyler (1841-45), M. Fillmore(1850-53), F. Pierce (1853-57). J. Buchanan(1857-61), J. A. Garfield (1881), W. Mckinley (1897-1901), C. Coolidge (1923 -29)及 G. Ford (1974-77)。

[6]大法官出缺的情況有三：在任時死亡、自動辭職及退休（由於大法官是終身職，國會為了鼓勵上了年紀的大法官能自動辭職，在一八六九年制定了一個法律，即已屆七十高齡的大法官，且曾在聯邦法院至少服務十年以上，或者年滿六十五歲，且服務至少十五年以上，自動退休後，仍可以領取全薪）。See Lawrence Baum, op. cit., p.74。

[7]Lawrence Baum, op. cit., 1981, p.30.

[8]Ibid, 1995, p.31.

[9]U.S., Congress, Senate, Congressional Rocord, 91st Cong., 2d Sess., 1970, 116, pt. 3: 2860。

[10]因為歐康蘿在一九七〇年至一九七四年擔任亞利桑那州州議會議員時，曾有投票贊成墮胎的紀錄。

[11]Lawrence Baum, op. cit., 1981, p.31.

[12]如參議員 Sumner 向林肯爭取 S. P. Chase 的提名，參議員 Hoar 向哈芮遜爭取 H. Jackson 的提名，參議員 Lodge 向羅斯福爭取 W. Moody 的提名，參議員 Warren 向塔虎脱建議 W. V. Devanter 及參議員 Borah 向胡佛建議卡多索等均是。See Daniel S.

McHargue, *Appointments to the Supreme Court of the United States: The Factors that Have Affected Appointments, 1789-1932* (Doctoral Dissertation, Political Science Department, University of California at Los Angeles, 1949), p.544.

[13]Robert Scigliano, *The Supreme Court and the Presidency* (New York: The Free Press, 1971), p.101.

[14]Henry J. Abraham and Bruce Allen Murphy, "The Influence of Sitting and Retired Justices on Presidential Supreme Court Nominations," *Hastings Constitutional Law Quarterly*, 3(Winter 1976), pp.37-63.

[15]See Lawrence Baum, op. cit., 1981, pp.33-34.

[16]Ibid., 1995, pp.41-48.

[17]佛大斯擔任同僚大法官時,時常和詹森磋商,有失大法官應維持的中立立場;而且他曾在一些大學中做了九次演講,從企業單位中收到一萬五千元的演講費,受到不少人的抨擊,認為此舉極不恰當;參見下文。

[18]H. J. Abraham, *The Judiciary: The Supreme Court in the Governmental Process* (Boston: Allyn and Bacon, Inc., 1983), p.159.

[19]H. J. Abraham, *Justices and Presidents* (New York: Oxford University Press, 1974), p.58.

[20]Henry Cabot Lodge, *Selections from the*

Correspondence of Theodore Rossevelt and Henry Cabot Lodge, 1884-1918 (New York: Charles Scribner's Sons, 1925), vol. II, p.228.

[21]R. Scigliano, op. cit., p.147.

[22]*New York Times*, Oct. 23, 1985.

[23]如歐康蘿在參議院司法委員會聽證時，被保守派參議員詢及司法應在美國的政治體系中扮演何種角色，她即曾言：「在實現司法的功能方面，我相信司法自制的運作。」See *Congressional Quarterly*, vol. 39, no. 38 (Sep. 19, 1981), p.1789.

[24]Barbara A. Perry, *A "Representative" Supreme Court? The Impact of Race, Religion, and Gender on Appointments* (Westport: Greenwood Press, 1991), pp. 19-20.

[25]H. J. Abraham, *Justices and Presidents*, p.55.

[26]R. Scigliano, op. cit., p.95; Lawrence Baum, op. cit., p.38.

[27]Lawrence Baum, op. cit., p.39.

[28]Ibid, 1995, p.50.

[29]G. Calvin Mackenzie, *The Politics of Presidential Appointment* (New York: The Free Press, 1981), p.xv, 麥氏此一圖表原係針對總統及參議院的整個提名過程而發；筆者在此以麥氏該圖表為依據，做了適度的修改。

[30]Ibid., p.174.

[31]*Congresional Quarterly*, Vol.39, no.28 (July 11, 1981), p.12311.

[32]Stephen L. Wasby, *The Supreme Court in the Federal Judicial System* (New York: Holt, Rinehart and Winston, 1984), p.94.

[33]Lawrence Baum, op. cit., 1981, p.41.

[34]Ibid, 1995, p.56.

[35]Stephen L. Wasby, op. cit., p.94.

[36]Ibid.

[37]Lawrence Baum, op. cit., 1995, pp.51-52.

[38]Ibid, pp.54-58.

[39]Ibid, p.53.

[40]所謂「跛腳鴨」指的是繼任的總統尚未就職前的一段時間(Interregnum)，總統在政治上的影響力式微，宛如「跛腳的」鴨一樣。

[41]David W. Rohde & Harod J. Spaeth, *Supreme Court Decision Making* (San Francisco: W. H. Freeman and Company, 1976), p.104.

[42]Lawrence Baum, op. cit., 1995, p.37.

[43]David W. Rohde and Harod J. Spaeth, op. cit., pp.105-106.

[44]Lawrence Baum, op. cit., 1981, p.45.

[45]Ibid, 1995, pp.53-54.

[46]G. Calvin Mackenzie, op. cit., p.175.

[47]Lawrence Baum, op. cit., 1995, pp.58-59.

[48]Fred Rodell, *Nine Men: A Political History of the Supreme Court from 1790 to 1955* (New York: Random Honce, 1955), p.3.

第四章
我國大法官背景之分析

　　大法官的背景(background)，廣泛而言，指
的是大法官個人的條件、資格等，這包括他的
出身（家庭）、年齡、性別、籍貫（或出生地）、
教育（學歷）、工作經歷，甚至是宗教信仰與種
族隸屬等等。這些背景之所以重要，是因為有
關當局在決定大法官人選時，受到非常的重視，
甚至影響了他的抉擇；不僅如此，在經由有權
同意機關的審查及表決前，這些背景因素也成
了被考量的重點，也因此決定了選任過程的「進
行節奏」。是故在探討大法官的選任過程之餘，
有必要亦對大法官的背景因素予以分析。

　　探討背景因素，基本上可從法規制度面以

及事實結果面著手，而這兩者往往有一些落差，並且後者的複雜性僅從前者來看，是難以體會的，正因為如此，它也是學界及政界最為關切的所在。本章的討論，先談大法官的法定資格，繼之再分析歷屆以來的大法官背景，這些背景因素包括底下六項：年齡、性別、籍貫、學歷、經歷與任命資格、黨籍，著重的是整體的觀照，而不是個人因素的探究。

一、大法官的法定資格

各國關於大法官資格之立法例，要言之，可分為三種：(1)憲法中不設規定者（如美、日等）。(2)憲法中規定另以法律定之者（如海地）。(3)憲法中明定任用資格者（如奧地利、印度等）[1]。我國則與美、日同屬第一種，由司法院組織法加以規定。

依司法院組織法第四條第一項規定，大法官法定之資格共有五款，即：

第一款：曾任最高法院法官（推事）十年以上而成績卓著者。

第二款：曾任立法委員九年以上而有特殊貢獻者。

第三款：曾任大學法律主要科目教授十年以上而有專門著作者。

第四款：曾任國際法庭法官或有公法學或比較法學之權威著作者。

第五款：研究法學，富有政治經驗，聲譽卓著者。

同條第二項且規定：具有上述任何一款資格之大法官，其人數不得超過總名額（十七人）三分之一（即五人）。

對上述司法院組織法第四條所定大法官之資格，可得而言者有如下幾點：

(1)上述五款所定資格要件中，第一、第二、第三及第四款前段，規定相當具體清楚，被提名人選是否符合資格一目瞭然；第四款後段、第五款的規定則較缺乏客觀經驗內涵，較易引

起爭議[2]。惟亦有論者認為其中所謂「成績卓著」、「特殊貢獻」、「權威著作」、「聲譽卓著」者[3]，趨於籠統概括而缺乏客觀具體的標準，尤其第五款的規定，更是富於彈性而漫無定準，易使大法官之遴選流於浮濫，成為政治性酬庸，影響大法官的素質甚鉅[4]。

　　(2)就第二款而言，曾任立法委員九年以上者，未必適任釋憲職責，而且立法院為合議機關，集體行使職權，頗難衡量某委員有其特殊貢獻，故有以為此款規定之不當，主張立法委員候選大法官者，應兼具學歷或考試及格之資格條件[5]，論者即謂：「立法委員倘真正具備他項資格條件，已有被提名大法官之機會，是款規定即無必要，而立法院職司立法，以立法權規定立法委員資歷勳勞得為候選大法官之資格條件之一，自不免疑其有專擅邀權之弊」[6]。但亦有學者認為此款之規定並無不當，蓋「本款之立法旨意，係基於立法委員如能連任三次，實非易事，足見此人頗能代表民意，普受選區選民之愛戴與擁護，若又能在任期內戮力任事，

著有特殊貢獻，則賦予此一殊榮，不僅可借重其豐富之立法經驗，且亦爲間接表示大法官雖非民選，但亦具有相當民意之支持，並非完全與民意脫節」[7]。

　　(3)大法官的職掌，既不在於一般民刑訴訟的審判，而民刑法令發生疑義，且應由上級機關依職權予以解決（原大法官會議法第八條；司法院大法官審理案件法第九條），因之，大法官的人選，即無實際上側重於實務審判人員或純粹司法人員之必要，故第三款與第四款後段之規定，實爲允當。進一步言，大法官會議應以釋憲爲主，而解釋憲法「之作用，固非純粹之法律作用，實乃介於政治與法律之間之中性作用；普通法院之法官，於法律之適用，固具豐富之學術經驗，然易流於固執保守，且於政治社會之情形，較爲隔膜；發揮此類中性之作用，未必爲其所長」[8]，爲此，已故憲法學者鄒文海即表示：「大法官既以解釋憲法爲重要職務，則大法官的學歷應偏重公法爲宜。十七位大法官之中，最少應有十位是研究憲法的學者」

[9] 。

　　惟就目前情形觀之，研究憲法之學者，對
於憲法釋例之見解頗爲紛歧，而大法官又職司
法令之統一解釋，故第一款所定久任之法官與
第五款所定富有政治經驗者之參與，實有其必
要，以免憲法學者所占人數過多，在意見未能
達成共識下，使解釋案無法通過。

　　(4)大法官的職掌，依照會議法及審理案件
法的規定，既在於解釋憲法及統一解釋法令，
而尤以統一解釋法令，勢將爲大法官職掌的經
常事項（第五屆大法官會議以前約占所爲解釋
案的三分之二），而此種法令之統一解釋，必須
對於國家各種法令，有整個的及通盤的素養，
貴有通才，而不必貴爲專才，即通才應與專才
並重，因之，大法官的人選，應注意研究法學，
富有政治經驗，聲譽卓著者[10]，故第五款之規
定無可厚非。惜其規定，如前所述，似嫌抽象，
論者即批評道：「研究法學，富有政治經驗之士，
不必具有研究法學之成果，縱有著作，不必專
門而權威，亦無需貢獻特殊，更無查考其成績

卓著與否之必要，其政治經驗，範圍毫無，如何證實其政治經驗富且有之，並與法學之研究有關，但憑其聲譽之卓著？易言之，知名度之高乎？」[11]，故薩孟武教授即言：「此款資格不過開政客奔競之門而已」[12]；因此，像英國學者拉斯基(Harold J. Laski)便主張從政者非離職七年後，不得被提名爲司法人員，旨在避免政治影響司法，期求司法之獨立[13]。

　　(5)從上所述，乃知主張大法官之任命應限於「具有大學法律學系畢業資格者」，其意見乃有待商榷。蓋僅具法律系畢業資格，而缺少憲法學之素養，殊難解決憲法專門問題，「倘或抱殘守闕，僅一知半解某一專門法律知識，而堅不接受他人憲法及其他法律之專門意見，則確不宜擔任釋憲工作，自不待言」[14]；進一步言，大法官甚至未必定由法官出身者擔任，理由已如前述，以美國聯邦最高法院爲例，即有不少大法官在進入最高法院前未具法官經歷。大法官法蘭克福特便曾借韓德(Leamed Hand)法官的話說：「我大膽的認爲，法官在遇上解決憲法法

律(constitutional law)的問題時，應該要熟稔阿克頓(Acton)和梅南(Maitland)；熟稔修西得底斯（Thucydides）、吉朋（Gibbon）和卡萊爾（Carlyle）；熟稔荷馬(Homer)、但丁(Dante)、莎士比亞(Shakespeare)及米爾頓(Milton)；熟稔馬基維利(Machiavelli)、蒙田(Montaigne)和賴伯萊(Rabelais)；熟稔柏拉圖(Plato)、培根(Bacon)、休姆(Hume)與康德(Kant)；以及這些人對這個法律問題特別留下的著作」[15]，所以僅僅受法學訓練，就一位大法官所應具備的學識涵養來講，是不夠的。

　　(6)由於第一款中未將行政法院評事列入，故有論者主張「任職行政法院評事十年以上者，具有豐富之行政法裁判經驗，外國憲法法院法官多有列為資格之一者，而我國獨缺。倘能修正加入，當更能使大法官中包羅各種專門法律人才」[16]。

　　(7)第二項雖規定上述任何一款資格之大法官，其人數不得超過總名額之三分之一，使得總統在提名時頗有彈性，而且可兼容各方面的

人才，原無可厚非；惟實務上爲符合此項不得逾總名額三分之一之限制，提名作業經常套用第一項第五款的籠統資格，恐有人選確定後「再分配」資格之嫌[17]。故有論者認爲「限制每一款資格人數之規定，實係弊多利少，允宜放寬或刪除」[18]。

二、歷屆以來大法官之背景

行憲迄今，經總統六次提名，七次補提名之大法官，總數共有一百二十五人次，其中三十人次連任（有一人連任四次，四人連任三次，十九人連任兩次），故提名人數共有九十五人，爲監察院同意者則有七十三人，五人未爲監察院接受；監察院同意而未就任者有四人（江庸、郗朝俊、李浩培、張劍寒），而任內轉任其他公職者有六人（田炯錦、戴炎輝、林彬、林國賢、城仲模、翁岳生）。另外，修憲後爲國民大會同意者有十九人，未爲國民大會接受者有一人（林

菊枝）。

　　歷屆大法官之背景有何特色？茲分年齡、
性別、籍貫、學歷、經歷與任命資格、黨籍等
六項予以分析。

(一)年齡

　　歷屆大法官被任命時之年齡平均為 58.1
歲，較美國聯邦最高法院大法官的平均年齡 53.4
歲為高[19]（在此，已將八十七年補提名的黃越
欽、賴英照及謝在全三位列入計算，他們被提
名時之年齡分別為五十七歲、五十二歲及五十
四歲）；第四屆大法官被任命時之年齡則為 56.9
歲，為歷屆中最年輕的一屆。試看**表 4-1** 歷屆
大法官年齡（被任命時）分布表。

　　從**表 4-1** 可見，大法官在被任命時之年齡，
以五十歲至六十九歲占絕大多數（84%），其中
五十歲至五十九歲有五十二人，六十歲至六十
九歲有四十八人，旗鼓相當。七十歲以上之高
齡者，第四屆以後就不再予以提名，因第四屆
大法官在選任時，即以六十五歲以下為提名原

表 4-1　歷屆大法官年齡分布表

屆別＼人數＼年齡	第一屆	第二屆	第三屆	第四屆	第五屆	第六屆	合計
40-49	4	4	1	3	2	0	14
50-59	10	5	8	9	6	14	52
60-69	11	7	10	7	8	5	48
70以上	2	1	2	0	0	0	5
平均年齡	59.1	58.0	60.2	56.9	57.4	57.2	58.1

※總數為 119，因其中部分為連任，故重複列入。

則，且首次未有七十歲以上者，已開創了先例，使第五、六屆仍一律以六十五歲為上限，此對大法官會議功能的強化，具有實質的裨益。第四屆以後大法官勇於任事的表現，便可作為最佳的見證。

　　大致而言，**表 4-1** 這種年齡的分布應當是適當的。大法官或憑其法律修養，或憑其政治經驗，對憲法問題做綜合性的考慮；而且具備此種能力，必須要經過長時間的歷練。年紀過老者，可能因健康情況而影響工作，固不宜考慮；任命時太年輕，經驗與學養則較難達到要求。不過，任命部分年富力強的專家學者參與大法官工作，以促進新陳代謝與政治革新，仍屬必須[20]。

(二)性別

　　在歷屆總統所提名的九十五位大法官被提名人中，男性有八十九位，占 93％，女性只有六位，即第一屆的周蜀雲、第三屆的張金蘭、范馨香（連任三屆）、第四屆的蔣昌煒、第六屆

的林菊枝與楊慧英。其中第一屆的周蜀雲未爲
監察院同意、第六屆的林菊枝未爲國民大會同
意。由於第一、二屆均無女性大法官，故三十
八年三月提名時，總統未提名女性，即有女監
委表示不滿[21]。

在強調男女平等的今天，自第三屆總統任
命了兩位女性大法官開創先例以來，大法官中
須有女性名額，就成了歷屆總統提名時必須予
維持的慣例，故第四屆總統提名蔣昌煒、范馨
香，第五屆總統再提名范馨香連任，第六屆李
登輝總統則提名林菊枝與楊慧英。大法官中至
少須維持一名女性名額，似將成爲今後總統提
名所須重視的因素。

就第四屆大法官的提名來看，在提名前各
方所推薦與自薦的名單中，只有兩位女性：蔣
昌煒（國民黨籍）與周蜀雲（青年黨籍），結果
總統選擇了前者，並提名第三屆大法官范馨香
連任，維持第三屆以來所保持的兩個名額。惟
第五屆總統則只提范馨香一名；到第六屆才又
提名兩位（林菊枝與楊慧英，均屬無黨籍）。

　　倘與美國遲至一九八一年雷根總統方任命
一位女性大法官歐康蘿比較，則我國遠在三十
七年總統即提名女性大法官（雖未為監察院接
受），早了美國三十三年。而就我國四位女大法
官之背景來看，均出身最高法院法官，受過良
好的法律訓練，因此，性別應不成其執行大法
官任務之障礙。

(三) 籍貫

　　根據資料分析，歷屆九十二名大法官，來
自三十五個省中的二十二個省以及海南島行政
特區。這二十二個省分別是：台灣廿二人；江
蘇九人；江西、福建各七人；湖南六人；浙江
五人；河北、安徽各四人；山東、四川各三人；
遼寧、吉林、河南、山西、湖北、廣東、廣西
各二人；遼北、陝西、甘肅、貴州、熱河各一
人；海南島特區則有一人。請參看**表 4-2** 歷屆
大法官籍貫分配表。

　　從**表 4-2** 歷屆大法官籍貫的分布上，可以
看出有下列幾點特性：

表 4-2　歷屆大法官籍貫分配表

籍貫＼屆別	第一屆	第二屆	第三屆	第四屆	第五屆	第六屆	合計(人次)
遼寧		景佐綱	景佐綱		張承韜		3
安東							0
遼北				翟紹先	翟紹先		2
吉林	魏大同、韓駿傑						2
松江							0
合江							0
嫩江							0
興安							0
黑龍江							0

(續)表 4-2　歷屆大法官籍貫分配表

籍貫＼屆別	第一屆	第二屆	第三屆	第四屆	第五屆	第六屆	合計(人次)
河北	燕樹棠	王之綜	王之綜	梁恒昌	劉鐵錚	劉鐵錚	6
河南	張武彝			李鐘聲	李鐘聲		3
山東		史延程	張金蘭		史錫恩		3
山西	胡伯岳	胡伯岳	胡伯岳	李潤沂			4
陝西	郗朝俊						1
甘肅			田烱錦				1
江蘇	李浩培、夏勤	王昌華、金世鼎	李學燈、金世鼎	張劍寒、楊建華	楊建華	董翔飛	10
安徽	沈家彝	史尚寬	程德光	馬漢寶	馬漢寶		5

（續表 4-2）歷屆大法官籍貫分配表

屆別 籍貫	第一屆	第二屆	第三屆	第四屆	第五屆	第六屆	合計（人次）
江西	徐步垣、梅汝璈、張于潯、劉克儁	徐步垣	歐陽經宇	涂懷瑩	張特生		8
湖南	王風雄、黃右昌、向哲濬	胡翰	管歐	蔣昌煒			6
湖北	曾劭勳	曾劭勳	范馨香	范馨香	范馨香		5
四川	李伯申	曾繁康	曾繁康	楊與齡	楊與齡		5
台灣	蔡章麟	黃演渭	黃演渭、戴炎輝、翁岳生、陳世榮	陳世榮、翁岳生、洪遜欣、楊日然	翁岳生、楊日然、陳瑞堂	翁岳生、城仲模、戴東雄、孫森焱、王和雄、蘇俊雄、陳計男、王澤鑑、林永謀、曾華松、楊慧英、黃越欽、謝在全、賴英照	28

(續)表 4-2 歷屆大法官籍貫分配表

屆別＼籍貫	第一屆	第二屆	第三屆	第四屆	第五屆	第六屆	合計（人次）
福建	江庸、葉在鈞、翁敬棠	江應杜、林紀東	洪應杜、林紀東、陳樸生	林紀東、陳樸生	鄭健才		11
浙江	洪文瀾、林彬、黃正銘	黃正銘、諸葛魯	黃正銘			施文森	7
廣東	何蔚	黃亮	黃亮				3
廣西	蘇希洵			姚瑞光			2
雲南							0
貴州					李志鵬		1
熱河				鄭玉波			1

(續)表 4-2　歷屆大法官籍貫分配表

屆別\籍貫	第一屆	第二屆	第三屆	第四屆	第五屆	第六屆	合計（人次）
察哈爾							0
綏遠							0
寧夏							0
青海							0
西康							0
新疆							0
蒙古							0
西藏							0
海南					吳庚	吳庚	2

　　(1)由於大法官原本法定的名額為十七名
（司法院組織法第三條），而我國卻有三十五
省、十四特別市、兩地方及一行政特區，自然
每一屆都會有一半的省份無法分配到大法官的
名額，第一屆有二十二個，第二屆及第四、五
屆有二十四個，第三屆有二十三個省份無大法
官名額（其中包括二地方及一行政特區）。至於
第六屆，由於偏重在台灣省，總共有三十三個
省份（包括二地方及一行政特區）缺大法官名
額。

　　(2)大法官名額多分布在華北、華中及華南
三個地區，其中又以華南地區所占大法官名額
最多，且台灣一省即佔二十八人次；其次，以
華中地區為次多，且分布極為平均。

　　(3)東北地區，九省中僅有遼寧、遼北及吉
林三省有大法官名額，分配極不平均，且六屆
合起來的名額只有五人（七人次）；至於塞北及
西北部邊疆地區，除第四屆熱河省有一名額外，
餘全付諸闕如，提名小組及總統似未注意及此。
而海南島特區則在最近第五、六屆分得一名額。

大體而言，大法官名額之分配，重視省份地域因素之平衡，乃從行憲開始即已重視此一原則。

(4)由於政府遷台甚久，不管兩岸是否統一，或者台灣是否獨立，政治環境丕變之結果，可以說從第六屆大法官之選任起（以後因修憲結果，不再有屆次問題），再以籍貫劃分地域之代表性，已不具意義（個人身分證籍貫欄也註銷，改註出生地），該屆大法官之選任，已不再考慮省籍因素了。今天若仍要考慮籍貫問題，恐怕是要注意到台灣的縣市地方代表性問題了。

我國由於幅員廣闊，大法官之任命做地域分配之考慮，原無可厚非；蓋大法官固非民選，但職司解釋憲法重任，而憲法又係不同利益之妥協，故大法官仍有反映不同利益的代表性問題存在。第一屆大法官任命時，即有監委批評政府政策過份偏袒內地諸省；第二屆提名時，已注意及此問題；第三、第四及第五屆提名時，注意省籍之分布，更分別列爲提名原則之一[22]。事實上，對大法官省籍分布之重視，與大法官

能否盡其解釋之職責無關，主要的考慮在代表性問題；進一步言，此即藉提名在政治上獲取各省人民的支持，此亦爲近三屆台灣省籍之大法官所占比例較重之原因。

　　從歷次大法官的任命經驗來看，似已形成一種慣例，即每一既有省區的大法官不連任或出缺，則仍補該省區人士；且如果提名前考慮的人選中條件相當，則以沒有占缺者優先[23]。但這種「劃地自限」的代表性考慮，其對人才引進的影響，即不待智者而自明，遺珠之憾，在所難免。故學者評論道：「憲法固然具有濃厚的政治性，但大法官會議爲司法機關，解釋憲法在本質上亦爲法律事件。雖然因選任的機關與程序，省籍必爲考慮的因素，但如過度強調地域的平衡配置或突出省籍的特定分布，亦有使大法官會議『政治化』色彩太過濃厚的可能，甚至可能影響解釋的品質，如此自無益於大法官會議權威地位的建立」[24]。所幸，地域（籍貫）代表性因素之考慮，如上所述，已自第六屆開始消失了。

(四)學歷

美國聯邦最高法院大法官出自名學校者，約占總數的 85％，且三分之一以上出自「長春藤聯盟學校」(The Ivy League Schools)[25]；就我國大法官所受的教育背景而言，情形亦相類似，九十二位大法官中，除年紀長者爲前清法政學堂或以後的法政專科學校畢業者（共有十三人），以及第四、第五屆任命的楊建華及鄭健才外，餘皆受大學教育，其中並有二十三人獲有博士學位。

從**表 4-3** 中可知大學畢業程度以上者，有九十六人次之多（總人數爲七十三人，其中學士有三十六人；學士後研究有七人；碩士有八人；博士有二十二人，其中燕樹棠爲耶魯大學榮譽法學博士）；再進一步看，大法官中自國外大學畢業的學校，亦多爲名校，有法國巴黎大學、日本東京帝國大學、日本法政大學（法政學校）、日本早稻田大學、日本中央大學、日本東北帝國大學、東京日本大學、英國倫敦大學、

表4-3 歷屆大法官教育程度一覽表

教育程度 ＼ 屆別		第一屆	第二屆	第三屆	第四屆	第五屆	第六屆	合計(人次)
法政學堂畢業		張式彝 葉在鈞 王風雄						3
法政專校畢業		胡伯岳 徐步垣 韓駿傑	徐步垣 胡　翰 史延程 景佐綱 胡伯岳	胡伯岳 景佐綱 歐陽經宇 程德光 陳樸生	陳樸生	張承韜		15
大學畢業	國內	林　彬 魏大同 曾劭勳	曾劭勳 王之綜 黃　亮 王昌華	王之綜 黃　亮 管　歐 李學燈 范馨香	范馨香 姚瑞光 蔣昌煒 楊與齡 梁恆昌	范馨香 楊與齡 史錫恩 李志鵬 陳瑞堂	林永謀 孫森焱 陳計男 曾華松 楊慧英	27

(續)表 4-3　歷屆大法官教育程度一覽表

教育程度		第一屆	第二屆	第三屆	第四屆	第五屆	第六屆	合計(人次)
大學畢業	國外	江庸 黃右昌 張子柟 沈家彝 向哲濬 李浩培 夏勤 何蔚 翁敬棠	諸葛魯 黃演渥	黃演渥 張金蘭 陳世榮	陳世榮 鄭玉波 洪遜欣			17
學士後外國大學研究			林紀東 曾繁康 史尚寬	林紀東 曾繁康 戴炎輝	林紀東 涂懷瑩 馬漢寶 李鐘聲	馬漢寶 李鐘聲		12
碩士	國內				張劍寒		董翔飛	2
碩士	國外	蔡章麟		田烱錦	李潤沂 翟紹先	翟紹先 張特生	謝在全	7

（續）表 4-3　歷屆大法官教育程度一覽表

教育程度	屆別	第一屆	第二屆	第三屆	第四屆	第五屆	第六屆	合計（人次）
博士	國外	燕樹棠 郗朝俊 劉克儁 蘇希洵 梅汝璈 黃正銘	金世鼎 黃正銘 洪應灶	黃正銘 洪應灶 金世鼎 翁岳生	翁岳生 楊日然	翁岳生 楊日然 吳　庚 劉鐵錚	翁岳生 劉鐵錚 吳　庚 王澤鑑 施文森 戴東雄 蘇俊雄 黃越欽 賴英照	29
	國內						王和雄 林國賢	2
軍校及黨校畢業						楊建華	楊建華	2
特考及格							鄭健才	1
不詳		李伯申 洪文瀾						2

資料來源：劉義周，〈司法院大法官會議解釋憲法制度之研究〉（政大政治研究所碩士論文）以及《聯合報》，民國 74 年 9 月 5 日，二版；83 年 7 月 31 日，五版。

美國耶魯大學、美國西北大學，可見其中以留
日者居多。而大法官中自國內大學所畢業的學
校則有：北京大學（四人）、北平大學（一人）、
北平朝陽大學（六人）、東北大學（一人）、復
旦大學（一人）、中央大學（五人）、武漢大學
（一人）、政治大學（中央政治學校）（五人）、
安徽大學（一人）、臺灣大學（十人）、中興大
學（二人），其中以台灣大學畢業者最多，以第
六屆言，包括獲有博士學位的其他十位大法官
中，更有七位係台大法律系畢業，亦即該屆十
九位大法官（含補任三位）中，有十二位畢業
於台大法律系，即有人戲稱本屆大法官會議不
啻是台大法律系的同學會[26]。居次者為朝陽大
學，其素以法科出名，實良有以也。

　　另外，取得碩士學位的八位大法官，其畢
業的學校分別是：臺灣大學（張劍寒）、政治大
學（董翔飛）、美國伊利諾大學（田烱錦）、耶
魯大學（翟紹先）、丹佛大學（張特生）、南美
以美大學（謝在全）及日本東京帝大（蔡章麟、
李潤沂），多為名校。至於獲有博士學位的大法

官，出身亦多爲國外名校，如美國耶魯大學（燕
樹棠）、芝加哥大學（梅汝傲）、印地安那大學
（洪應灶）、猶他大學（劉鐵錚）、惠勒曼大學
（施文森）、哈佛大學（賴英照）；英國倫敦大
學（黃正銘）；法國巴黎大學（蘇希洵、金世鼎）；
奧地利維也納大學（吳庚、城仲模、黃越欽）；
德國海德堡大學（翁岳生）、慕尼黑大學（王澤
鑑）、邁因茲大學（戴東雄）、佛萊堡大學（蘇
俊雄）、門興大學（劉克儁）及日本東京大學（帝
大）（郗朝俊、楊日然），其中留美者有六人，
留歐者有十一人，留日者有二人。第六屆則增
加兩位國內栽培出來的博士，包括獲有政大法
學博士學位的王和雄與文大法學博士學位的林
國賢。

　　大體而言，歷屆九十二位大法官中，有八
十三位畢業於法律系（約 90％），畢業於政治
系（包括政經系、法政系）者只有五位，即江
庸（第一屆）、黃正銘（第一、二、三屆）、曾
繁康（第二、三屆）、張劍寒（第四屆）及張特
生（第五屆）；治公法（憲法及行政法）者，迄

今只有八位，即洪應灶（第二、三屆）、林紀東
（第二、三、四屆）、管歐（第二屆）、翁岳生
（第三、四、五、六屆）、涂懷瑩（第四屆）、
吳庚（第五、六屆）、城仲模（第六屆）、董翔
飛（第六屆）；其中第六屆即占有四位。論者即
言，由過去三十年大法官會議所為之解釋案中，
「有關憲法解釋案不及三分之一，其他三分之
二偏重統一法律與命令，可見我國大法官成員
結構，較少憲政專家」[27]。「大法官會議之所以
在解釋憲法上表現功能，其中一個重要原因是
歷屆的大法官中，均有憲法學者作為核心」[28]。
因此，第五屆雖任命有二位行政法院庭長出身
的大法官，卻未任命憲法學者為大法官，似打
破第二屆以來的「慣例」，遂有學者批評道：「自
第二屆以來，各屆均有素著聲望的多位憲法學
者充任大法官，而目前大法官會議處理憲法解
釋案日益增加，反未注意及此，頗令人意外」[29]。
第六屆的情形亦然，雖有董翔飛一人研治憲法，
惟其在憲法學界似未享聲譽，更乏權威性著作。

(五)經歷與任命資格

如上所述，大法官的任命資格，司法院組織法第四條載有明文，事實上組織法所定的任命資格，係對被提名人的經歷予以限制，使其不過份偏重於某一方面的人才，規定五種資格，旨在容納各方面人才，吸取各方面的經驗。進一步而言，被提名人的任命資格須與其經歷一致，亦即總統任命大法官，係以其經歷而決定適用的條款；也因為被提名者之中，具備兩項以上資格者不乏其人，儘管有被批評為「再分配」之嫌，但總統依據何款資格任命，卻可靈活運用，不必拘泥形式。

從**表 4-4** 可知，歷屆大法官以第一款任命者最多，人數將近三分之一；其次為以第五款及第三款任命者，分別有三十四及三十二人次，足見我國大法官率多出身於最高法院法官、大學教授及曾任公職者，且其中以第五款（即曾任公職，富有政治經驗者）任命者，沈、魏、韓、胡（翰）、史、黃、程、楊、張、李、陳（瑞

表 4-4　歷屆大法官被任命時所適用之條款

適用款項＼屆別	第一屆	第二屆	第三屆	第四屆	第五屆	第六屆	合計（人次）
第一款	張武彝 洪文瀾 張于潯 翁敬棠 葉在均 夏勤 徐步垣 何蔚	徐步垣 曾劻勳 諸葛魯 王之綜 金世鼎 黃亮	王之綜 金世鼎 黃亮 歐陽經宇 張金蘭 張樓生 范馨香 陳世笑	陳樓生 范馨香 陳世榮 姚瑞光 蔣昌煒	范馨香 張承韜 鄭健才	林永謀 孫森焱 楊慧英	33
第二款	黃右昌 林彬 劉克雋	史尚寬			李志鵬		5
第三款	燕樹棠 向哲濬 梅汝璈 李浩培 黃正銘 王鳳雄 曾劻勳	黃正銘 洪應灶 林紀東 曾繁康 胡伯岳	林紀東 黃正銘 洪應灶 曾繁康 李學燈 戴炎輝	林紀東 鄭玉波 洪遜欣 涂懷瑩 李鐘沂	翁岳生 馬漢寶 楊日然 劉鐵錚	王澤鑑 董翔飛 戴東雄 蘇俊雄 黃越欽	32

（續）表 4-4　歷屆大法官被任命時所適用之條款

適用款項＼屆別	第一屆	第二屆	第三屆	第四屆	第五屆	第六屆	合計（人次）
第四款	都朝俊			翁岳生 楊與齡 張劍寒 翟紹先 楊日然	翟紹先 楊與齡 史錫恩 吳　庚	翁岳生 劉鐵錚 吳　庚 施文森	15
第五款	江　庸 李伯申 胡伯岳 沈家彝 魏大同 蘇希洵 蔡章麟 韓駿傑	胡　翰 史延程 黃演渥 景佐綱 王昌華	胡伯岳 景佐綱 黃演渥 程德光 管　歐 田烱錦	梁恆昌 馬漢寶 楊建華 李鐘聲	楊建華 李鐘聲 張特生 陳瑞堂	王和雄 林國賢 城仲模 陳計男 曾華松 謝在全 賴英照	34

堂、計男）、王（和雄）、林、曾、謝諸位大法官，亦均爲法官出身，無怪乎有人言，擔任法官（特別是最高法院法官）實係進入大法官會議之跳板[30]。抑有進者，除以第一及第五款任命者外，其餘以他款任命者，仍不乏具有司法審判之實務經驗者。若統計此類具有法官資格之大法官，則其人數已逾總人數之半。

選拔有審判實務經驗者擔任大法官，在取才方面並無不當；但大法官的職務偏重於對憲法與法令作理論性的闡釋，而非對個別訴訟案件作技術性的裁判，因此實務工作者在大法官的人數中，以維持適當的比例爲已足，實不宜過分偏頗。此種偏倚現象影響所及，常易因實務工作的職業性使然，助長大法官會議的保守及消極性[31]。即以美國聯邦最高法院大法官爲例，雖有半數以上之大法官係自法官中選出，然絕大多數均非資深者，甚至其中有四十二位未具法官經歷(judicial experience)，但他們之中卻頗不乏著名的優越之士(illustrious men)[32]，換言之，即審判之實務經驗並未構成其主要之

履歷，故上舉大法官法蘭克福特所說的那一段
話，實語重心長。

　　以大學教授（即第三款）任命者，有二十
六位之多，僅次於實務經驗出身者，若再加上
第四款「具有公法學或比較法學之權威著作
者」，則屬「理論型」的大法官便有三十三人之
多。大體說來，歷屆大法官的任命，均偏重於
最高法院法官與大學法律教授。

　　以第二款及第四款任命者較少，特別是第
二款，歷屆以來只有五位大法官係以此款任命
者；事實上，以他款任命而具有立法委員資格
者亦不乏其人，如李伯申、蘇希洵、梅汝傲均
是。論者謂：「因第一屆立法委員長期無法改選
之事實，幾人人皆具有被選任之資格，為免失
之浮濫，故第三、四兩屆大法官中均無依本款
選任之大法官」[33]。就第四款言，實可分為兩
種資格（因句子用「或」字），而以此款任命的
十位大法官，全係以後段「具有公法學或比較
法學之權威著作者」任命；可依前段「曾任國
際法庭法官」而取得被任命資格者，只有第一

屆的梅汝傲與向哲濬（分別曾任東京國際軍事
法庭之法官及檢察官——如將後者亦列入法官之
列），惟彼等卻依第三款資格任命，因此本款前
段於實踐上迄今形同具文[34]。

綜上所述，五種法定資格中，因(1)依第二
款任命者僅有五位；(2)具備第四款前段資格之
二人，又未依此款任命；(3)第四款後段之資格
較不具體，具此資格者常兼具其他資格（如翁
岳生在第五屆即改爲第三款任命），所以大部分
大法官依其經歷實可歸納爲：(1)具司法經驗
者；(2)擔任法學教授者；(3)富政治經驗者。茲
表列如**表 4-5**[35]。

因此，若從**表 4-5** 而不從被任命時所適用
之條款（即**表 4-4**）來看，歷屆大法官出身自
上述三項經驗者，雖然三種人才均「兼容並蓄」，
惟具政治經驗者比例稍少一點。

(六)黨籍

歷屆大法官絕大部分爲國民黨員（約 88
％），僅十一人爲非國民黨籍，即第一屆的沈家

表 4-5　大法官經歷分類表

經歷 ＼ 屆別人數	第一屆	第二屆	第三屆	第四屆	第五屆	第六屆	合計
司法經驗	16	7	7	5	4	8	47
法學教授	9	5	7	10	5	11	47
政治經驗	10	4	2	8	10	5	39

＊總數爲一三三人，兼具多項經驗者，重複計算。兼任教職者，不列入「法學教授」項。第六屆雖以第五款之資格任命者有七位，但陳、曾二人之「政治經驗」多被國代質疑，而謝在全則多爲司法經歷，故不列入「政治經驗」項。

彝（民社黨）；第二屆的曾劭勳、史延程、黃演渥、諸葛魯（無黨籍）；第四屆的洪遜欣、馬漢寶（無黨籍）；第六屆的王澤鑑、孫森焱、楊慧英、曾華松（均爲無黨籍）。

　　大法官職司憲法解釋之工作，憲法原始條文是靜態的，其涵義與精神則須視適用者所建立起來的「行爲模式」而定，惟適用者之「憲政行爲」(constitutionalism behavior)是否合憲，

須由負責釋憲之大法官爲之解釋，這種解釋即
寓有審查政府政策的意味在內，因爲政府的政
策原則上係以法令之制定爲之，但政府所制定
之法令是否合憲，則大法官便有「審查」之權，
在我國這種審查權係以解釋爲之。現行政、立
法兩院均爲國民黨所掌握，倘由其所制定通過
之法令爲大法官會議解釋爲違憲(unconstitu-
tional)，則國民黨之政策必將遭受掣肘，此諒非
國民黨所願見，故執政黨（總統、提名小組、
中常會）在提名時，不得不考慮人選之黨籍問
題，因而歷屆被提名人中，爲總統跨黨提名的
只有沈家彝及周蜀雲二位，後者且爲國民黨所
控制的監察院拒絕，此與美國總統跨黨任命最
高法院大法官的比例只有 12％相類似[36]。

　　第一、二、四屆雖有非執政黨籍者，但皆
少於會議規則及會議法所定通過解釋案之人
數，此似只有點綴性之「象徵作用」。第四屆無
黨籍之洪遜欣，其任命除具有如上之考量作用
外，主要係因其爲臺灣省籍且素以法學素養深
湛聞名而入選。

　　令人訝異者，乃第六屆大法官之任命，其
時國內主要反對黨民主進步黨和新黨均已成
立，且握有相當比例的選票，李登輝總統並未
提名該兩黨人選，未足以反映國內政治情勢，
跨黨任命仍未為執政黨所接受，致使第六屆大
法官之任命頗具「政治」意涵。

注　釋

[1]楊與齡，〈各國大法官任用資格之比較研究〉，《憲政時代》，第五卷第三期，民國六十九年一月，頁八五。

[2]林嘉誠，〈大法官的人選與功能〉，《民眾日報》，民國七十四年九月十二日，二版。

[3]此為司法院組織法在民國卅六年十二月廿五日及六十四年十二月十三日兩次修正後所增設之條件。

[4]黃國豐，〈對強化大法官會議功能的看法〉，《台灣時報》，民國七十一年六月十九日，二版。

[5]洪國鎮，《釋憲制度之研究》，台北：嘉新水泥公司，頁一三五。

[6]同前註。

[7]法治斌，〈大法官之選任及其背景之比較研究〉，《政大法學評論》，第廿二期，民國六十九年十月，頁一一九。

[8]林紀東，《中華民國憲法釋論》，台北：作者自印，民國六十六年四月），頁二六二。

[9]鄒文海，《鄒文海先生科學文集》，台北：鄒文海先生六十華誕受業學生慶祝會，民國五十六年二月），頁六七三。

[10]〈大法官的人選及任務〉,《法律評論》,第十八卷第五期社論,民國四十一年五月一日,頁一。

[11]胡經明,〈大法官釋憲制度的先決問題〉,《憲政評論》,第十三卷第六期,民國七十一年六月,頁二一。

[12]薩孟武,《中國憲法新論》,台北:三民書局,民國六十三年九月,頁二六八。

[13]轉引自胡經明,〈幾個值得重視的大法官問題〉,《憲政評論》,第十六卷第九期, 民國七十四年九月,頁二〇。

[14]涂懷瑩,〈大法官釋憲制度的演變與檢討〉,《東方雜誌》,復刊第十五卷第六期,民國七十年十二月,頁三三。

[15]As quoted in the *New York Times Magazine*, Nov. 28. 1954, p.14.

[16]涂懷瑩,前揭文。

[17]如第五屆大法官之任命,即有大學法律教授擔任大學法律主要科目教授未滿十年,不能符合第三款之規定,乃分配以第四款或第五款之規定任命。見《臺灣時報》,民國七十四年九月五日,二版社論。

[18]江陵,〈歷屆大法官任職表現之回顧與展望〉,《自立晚報》,民國七十四年九月十一日,二版。

[19]陳俊榮,〈美國聯邦最高法院大法官背景及其選任過程之研究〉,《憲政時代》,第十二卷第一期,

民國七十五年七月，頁十六。

[20]劉義周，〈司法院大法官會議解釋憲法制度之研究〉，政治大學政治研究所碩士論文，民國六十六年，頁二十至二二。

[21]《新生報》，民國三十八年三月廿九日，二版。

[22]劉義周，前揭文，頁二十至二二。

[23]周天瑞，〈第四屆大法官提名的經緯〉，《中國時報》，民國六十五年九月五日，二版；林啓昌，〈大法官提名的多重考慮〉，《自立晚報》，民國七十四年九月五日，二版。

[24]法治斌，〈第五屆大法官選任後的感想與期望〉，《聯合報》，民國七十四年九月十三日，二版。

[25]John R. Shmidhauser, *The Supreme Court: Its Politics, Personalities, and Procedures* (New York: Holt, Rinchart and Winston, 1961), p. 32.

[26]《聯合報》，民國八十三年八月十二日，四版。

[27]〈評析大法官提名人選〉，《臺灣時報》，民國七十四年九月五日，二版社論。

[28]李永得，〈大法官人選獨缺憲法學者〉，《自立晚報》，民國七十四年九月五日，二版。

[29]法治斌，同註[24]。

[30]法治斌，同註[7]，頁一三二。

[31]黃國豐，前揭文。

[32]如 C. H. Hughes; John Marshall; H. F. Stones; Roger B. Toney; Earl Warren; Joseph P. Bradley; Felix

Frankfurter……See Henry J. Abraham, *Justices and Presidents* (New York: Oxford University Press, 1974), pp.43-44。本書的統計資料雖只做到 1974 年，但於該年之後所任命的大法官，之前均具有法官經歷。

[33]法治斌，同註[7]，頁一一九；且從第三屆開始，即不再提名具有國大代表資格之大法官。

[34]同前註。

[35]參考劉義周，前揭文，頁二三。

[36]陳俊榮，前揭文，頁二九。

第五章
美國大法官背景之分析

　　位居要津的美國聯邦最高法院大法官，在美國政治上所佔的重要位置，不言可喻，一個半世紀前，托克維爾（Alexis de Tocqueville）在他的名著《美國的民主》(*Democracy in America*)中即曾指出大法官的重要性，他說：「和平、財產，以及聯邦的生存，係持續地掌握在這些聯邦法官的手中，如果沒有他們，那麼美國憲法將是一紙死的文書。」[1]並且，他更進一步說明，如此之重要的最高法院，其制度性的力量與合法性(legitimacy)，係植基於輿論；而爲了尋求民意的支持，聯邦最高法院的大法官就必須具有良好的公民身分、教育、正直，以及最

重要的，政治家風範(statesmanship)的特質[2]。

　　大法官應具備那些條件、特質呢？如底下
將分析的，美國憲法白紙黑字並沒提到，有關
的規定付諸闕如。托克維爾上述的主張，如同
學者芭芭拉・培瑞(Barbara A. Perry)所形容的，
是把憲法的沉默不語予以「四倍化」了（即公
民身分、教育、正直、政治家風範四個條件）[3]。
不唯如此，有個美國企業研究學會更曾進一步
提出，諸如優異的能力、人格與專業上的誠信，
以及明確的司法氣質等等，都是大法官人選應
具備的條件。此外，在實際上，還要包括下列
應予考慮的「其他因素」：政治上的派系、宗教、
種族、族群背景、地理（即籍貫或居住地），以
及私人的交誼等因素[4]。總統在提名大法官人
選時，不能不注意這些條件。

　　那麼，聯邦最高法院的大法官到底須具備
那些資格或條件？這就必須針對歷年來一百零
八位大法官的背景予以分析，究竟這些被分析
出來的特質中透露了什麼重要的訊息，而值得
吾人注意？在進行底下大法官背景分析之前，

先來看看大法官有關的法定資格問題。

一、大法官的法定資格

　　總統所任命的大法官，必須具備什麼條件或資格，不但美國憲法沒有規定，連一般法令也未有規定，大法官本身甚至不須任何司法經驗（judicial experience），這和大部分國家對其大法官所應具備的資格多有規定不同[5]。

　　雖然憲法與法律未規定大法官應具備何種資格，事實上，沒有一位大法官不具法律訓練（legal training）的經驗，通常他們都受過相當的法律教育，具有 B.A.和 LLB.甚或 J.D.的學位（其中超過三分之一來自「長春藤聯盟」）[6]。幾乎每一位大法官在他進入最高法院以前，都執行過律師（lawyer）的業務（不論時間久暫）；不過，令人驚訝的是，要進入最高法院以前，未必每一位大法官均需在聯邦或州級的法院擔任過法官職務，在這一百零八位大法官中，只

有二十六位有過十年以上的法官經驗（judicial
experience），然而，卻有四十二位未具任何法
官經驗，比例高達 40％。雖有四十二位未具法
官經驗的大法官（其中包括八位院長），他們之
中卻頗不乏著名的優越之士（illustrious men），
這包括八位院長：休斯（C. H. Hughes）、馬歇
爾（John Marshall）、史東、唐尼（Roger B.
Toney）、蔡斯（Samuel B. Chase）、魏特（Morrison
R. Waite）、胡樂、華倫，以及六位同僚大法官：
史托瑞（Joseph Story）、米勒（Samuel F. Miller）、
布瑞德萊（Joseph P. Bradley）、布南戴斯、法蘭
克福特（Frankfurter）和傑克森（Robert H.
Jackson）[7]。

　　就因爲憲法及法律均對大法官的資格未設
規定（雖然大法官人選必須具備法學訓練及法
律教育，已成爲一項「不成文法」[8]），所以有
不少參議員及律師團體要求以法律將大法官的
任用資格成文化，他們皆強調大法官人選必須
具備若干年的法官經歷。有些參議員即主張大
法官須具備五至十年的法官經歷，美國律師協

會常設司法委員會（ABA Standing Committee on Federal Judiciary）亦主張大法官人選不僅要有法院的審判經驗，且須有十五年法律實務（legal practice）的經歷。

　　國會本身亦有不少有關限制大法官任用資格的提案，譬如第九十屆國會（一九六九～一九七一），兩院議員曾提出過十五件這樣的法案，但也像第八十九屆國會（一九六七～一九六九）的十三件提案一樣，全數被國會拒絕。其實，遠在一九五七年塔馬機（Talmadge）即提過一個著名的限制大法官資格的法案[9]，主張不論是院長或同僚大法官，「在任命之時，他必須至少有五年的司法經歷（judicial service），在此，所謂『司法經歷』意指擔任最高法院的同僚大法官、聯邦上訴法院或地方法院的法官，或是州的最高法院法官……」，此一提案雖曾經二讀，且送至司法委員會討論，結果仍胎死腹中，未被接受。

　　是否有擔任過法官的經歷雖非大法官任用的必要條件，但如前所述，無論是否有法官的

經歷，被提名爲大法官的人選，通常都有過執行律師業務的經驗（著名的布雷克大法官則未曾擔任過律師，這是極少數的例外）。不過，只有這樣的資歷，尚不足構成被提名爲大法官的條件，即使是州法院的法官，似乎也不夠格成爲大法官的人選，誠如包姆所言：「具有政府的或司法的高職位者，有助於使總統和那些在提名過程中的人士注意到他，而且也有助於使他和總統認識——這在大多數的提名裏，已經變成一個要素了。」[10]換言之，有可能成爲大法官人選者，應該具備的條件是：一個成功的律師、州的上訴法院或最高法院法官、聯邦法院（最好是聯邦上訴法院）的法官，或是州政府（州長、州司法部長等）及聯邦政府（司法部長、副司法部長、參議員等）中的高級官員。**表 5-1** 即是自一九二七年以來（布雷克到歐康蘿）歷任大法官在被任命之時及之前的任職記錄，可以印證上述的說法。

　　從**表 5-1** 我們可以看出，有不少大法官在進入最高法院前均未具法官經歷；然而，絕大

表 **5-1** 1937 年以來歷任大法官被任命時之年齡、州籍、職位暨被任命之前的主要任職紀錄及畢業學校

大法官	年齡 a	居住之州 b	畢業之法學院	被任命時之職位 c	任職法官年數	民選性的職位 d	政府職位 e
Black	51	Alabama	Alabama	Senator	1	Senate	—
Reed	53	Kentucky	Columbia	Solicitor General	0	State leg.	Solicitor General
Frankfurter	56	Mass.	Harvard	Law professor	0	—	Subcabinet
Douglas	40	Washington	Columbia	Chairman, Fed. Regulatory Commission	0	—	Fed. Regulatory Commission
Murphy	49	Michigan	Michigan	Attorney General	7	Governor	Attorney General
Byrnes	62	S. Carolina	None	Senator	0	Senate	—
Jackson	49	New York	Albany	Attorney General	0	—	Attorney General
Rutledge	48	Iowa	Colorado	U.S. Ct. App.	4	—	—

(續)表 5-1　1937 年以來歷任大法官被任命時之年齡、州籍、職位暨被任命之前的主要任職紀錄及畢業學校

大法官	年齡 a	居住之州 b	畢業之法學院	被任命時之職位 c	任職法官年數	民選性的職位 d	政府職位 e
Burton	57	Ohio	Harvard	Senator	0	Senate	–
Vinson	56	Kentucky	Centre (Ky.)	Sec. of Treasury	5	House of Rep.	Sec. of Treasury
Clark	49	Texas	Texas	Attorney General	0	–	Attorney General
Minton	58	Indiana	Indiana	U.S. Ct. App.	8	Senate	Asst. to president
Warren	62	Calif.	Calif.	Governor	0	Governor	–
Harlan	55	New York	New York	U.S. Ct. App.	1		Asst. U.S. Attorney
Brennan	50	N. Jersey	Harvard	State Sup. Ct.	7	–	–
Whittaker	56	Missouri	Kansas City	U.S. Ct. App.	3	–	–

(續)表 **5-1**　1937 年以來歷任大法官被任命時之年齡、州籍、職位暨被任命之前的主要任職紀錄及畢業學校

大法官	年齡 a	居住之州 b	畢業之法學院	被任命時之職位 c	任職法官年數	民選牲的職位 d	政府職位 e
Stewart	43	Ohio	Yale	U.S. Ct. App.	4	City council	—
White	44	Colorado	Yale	Dep. Atty. General	0	—	Dep. Atty. General
Goldberg	54	Illinois	Northwes-tern	Sec. of Labor	0	—	Sec. of Labor
Fortas	55	D.C.	Yale	Priate practice	0	—	Subcabinet
Marshall	59	New York	Howard	Solicitor General	4	—	Solicitor General
Burger	61	Minnesota	St. Paul	U.S. Ct. App.	13	—	Asst. Attorney General
Lackmun	61	Minnesota	Harvard	U.S. Ct. App.	11	—	—

(續)表 **5-1**　1937 年以來歷任大法官被任命時之年齡、州籍、職位暨被任命之前的主要任職紀錄及畢業學校

大法官	年齡 a	居住之州 b	畢業之法學院	被任命時之職位 c	任職法官年數	民選性的職位 d	政府職位 e
Powell	64	Virginia	Wash. & Lee	Private practice	0	—	State Bd. of Education
Rehnquist	47	Arizona	Stanford	Asst. Atty. General	0	—	Asst. Atty. General
Stevens	55	Illinois	Northwes-tern	U.S. Ct. App.	5	—	—
O'Connor	51	Arizona	Stanford	State Ct. App.	7	State leg.	Asst. State Attorney
Scalia	50	D.C.	Harvard	U.S. Ct. App.	4	—	Asst. Atty. General
Kennedy	51	California	Harvard	U.S. Ct. App.	11	—	—

(續)表 **5-1**　1937 年以來歷任大法官被任命時之年齡、州籍、職位暨被任命之前的主要任職紀錄及畢業學校

大法官	年齡 a	居住之州 b	畢業之法學院	被任命時之職位 c	任職法官年數	民選性的職位 d	政府職位 e
Souter	51	New Hampshire	Harvard	U.S. Ct. App.	12	—	State Atty. General
Thomas	43	D.C.	Yale	U.S. Ct. App.	1	—	Equal Empl. Opp. Comm.
Ginsburg	60	D.C.	Harvard; Columbia	U.S. Ct. App.	13	—	—
Breyer	56	Mass.	Harvard	U.S. Ct. App.	13	—	—

註：a.被任命時的年齡。b.被選之前主要居住的州。c.在此以及 d,e 兩項，主要指的是聯邦的職位，除非有特別標明是州的職位。d.指最高的職位。e.指被任命的最高政府職位，次要的職位均被省略。

資料來源：Congressional Quarterly's Guide to the U.S. Supreme Court, 2d ed. (Washington, D.C.:Congressional Quarterly, 1990), pp.860-880; Congressional Quarterly, vol. 39, no. 28 (July 11, 1981), pp.1234-1235; Lawence Baum, The Supreme Court (Washington: Congressional Quarterly Inc., 1995), pp.60-61.

多數均曾擔任過政府或民選性的官職，不少人
且富有豐富的政治經驗。大法官法蘭克福特即
認爲是否有法官的經歷，在挑選大法官人選時，
不應扮演一個重要的角色（甚至包括黨派、地
理區域的分配、種族及宗教的考慮，均不應在
選擇大法官人選時，居重要的位地），他並且強
調身爲最高法院的法官（jurist），應該同時是個
哲學家、歷史家及先知（若對大法官布瑞南而
言，還要加上一項：具有過人的耐力者）。他說：
「一個人有權利認爲：先前的法官經歷與是否
適於最高法院的工作，兩者的相互關係是零。
那些有過這種經歷的大法官，像何姆斯及卡多
索，他們之所以偉大，並非源自他們的法官經
歷，而是因爲他們是何姆斯與卡多索的緣故，
他們是思想家，且更特別的是，他們是法律的
哲學家。」[11]他更借用韓德法官的話說：「我大
膽的認爲：法官在遇上解決憲法法律
（constitutional law）的問題時，應該要熟稔阿
克頓和梅南；熟稔修西得底斯、吉朋和卡萊爾；
熟稔荷馬、但丁、莎士比亞及米爾頓；熟稔馬

基維利、蒙田和賴伯萊；熟稔柏拉圖、培根、
休姆與康德；以及這些人對這個法律問題特別
留下來的著作。」（亦見前章第一節引言）[12]。
法氏更指出幾位卓著的大法官（包括十二位院
長）先前均未有擔任過法官的經驗。

　　就因為最高法院所接管的案子，非純然祇
是司法的性質，雖然大法官有所謂「政治不理」
的原則，但在美國社會裏，最高法院經常被認
為是個非常重要的政治角色，在政治上無法解
決的事情，最後往往要由最高法院的九位大法
官來決定，譬如曾經喧騰一時的墮胎合法化問
題，使得最高法院勢必面臨重新考慮一九七三
年 Roe vs. Wade 的案子，而這已非純粹的法律
問題，而是關係到美國政府的政策方向。所以，
在政治性極濃的最高法院裏，誠如法蘭克福特
大法官所強調的，徒具下級法院法官的資歷並
不能解決類似這種具有政治性質的問題。唯有
從這點才可以解釋：為何在一百零八位大法官
的背景資料裏，竟可以發現有這麼多人未具任
何法官的資歷。

二、歷年以來大法官之背景

　　在分析最高法院大法官的背景中，除了上述發現到有 40％左右的大法官，在進入最高法院前未具任何下級法院法官的經驗外，還可以發現有幾項特點，茲分從年齡、州籍（居住地區）、家庭背景（或階級）、教育、職業、政黨（或黨派）、宗教、種族與性別等八項，一一加以說明。

(一)年齡

　　在此所謂年齡，指的是大法官被任命時的年齡，歷任大法官被任命時的年齡，平均為 52.5歲。若把歷任大法官分為兩個階段，則十八、十九世紀的大法官被任命時的年齡，平均為 51.2歲；二十世紀的大法官被任命時的年齡，平均為 53.9 歲。試看**表 5-2** 之統計。

　　從**表 5-2** 中吾人可以得知：大法官被任命

表 5-2 最高法院大法官任命時之年齡分佈表

年齡 人數 年代	40 歲 以下 (不含)	40- 44 歲	45- 49 歲	50- 54 歲	55- 59 歲	60- 64 歲	65 以 上	平均 年齡
十八、十九世紀 (1789-1989)	3	9	9	9	20	6	2	51.2
二十世紀 (1902-1998)	0	4	6	14	14	12	4	53.9
合 計 (人數)	3	13	15	23	34	18	6	

時之年齡，以五十五歲至五十九歲最多（共有三十四位，約占 30％），其次為五十歲至五十四歲（有二十三位），再其次為六十歲至六十四歲、四十五歲至四十九歲。四十歲以下者只有三位，且均為十八、十九世紀時之大法官（即 Bushrod Washington、W. Johnson 及 Joseph Story 三人），而本世紀被任命時最年輕之大法官道格拉斯（William Douglas），至少亦有四十歲了。

六十五歲以上者亦只有六位。故大法官被任命時之年齡，多集中在四十五歲至六十四歲之間（共有九十位，占全部的 80％左右）。

　　這個統計結果，不禁令人懷疑，總統爲何不任命年輕一點的人進入最高法院？因爲這樣可以增長他在最高法院裏面的時間，而使總統可以間接對最高法院產生影響力，使最高法院的政策在未來長久的一段時間，不必與總統的政策發生衝突。其主要原因在：要能夠成爲總統所選擇的人選，其人必須在事業上（不論是法律性或政治性的職位）有相當的成就，才能引起總統及對選任過程有影響力的人的注意；在事業上所獲得的高職位，也證明了他有能力勝任大法官的工作，但是要在事業上獲有相當的地位與聲望，往往需要一段長時間的努力，像那些聯邦上訴法院法官及居政府高位者，均已步入中年；另一方面，倘選擇年輕者，又怕其經驗不足，難以勝任大法官的角色，此所以最高法院中幾無後起之秀者。

　　最近幾位總統所任命的大法官，除柯林頓

任命的金絲柏格（六十歲）外，年齡有逐漸年
輕化的趨勢，如雷根和布希任命的史卡利亞、
肯奈迪、史特等大法官，年齡都在五十、五十
一歲之間，湯瑪斯更只有四十三歲。這似乎反
映出他們（總統）有強烈的主導最高法院未來
政策走向的意願。

(二)州籍（居住地區）

　　直至一九九四年布瑞爾被任命爲最高法院
大法官爲止，歷任的大法官人選出自三十一個
州，而且分別來自五個地區：新英格蘭區（New
England）、東北部（the Northeast）、南部（the
South）、中西部（the Midwest）、西部（the West）。
[13]。新英格蘭及東北部地區從一七八九年開始，
即一直有大法官在最高法院裏。南部地區則只
在內戰後一段期間，即自喬治亞州的魏恩（J. M.
Wayne）大法官在一八六七年去世後至十年後
肯塔基州的哈蘭（J. M. Harlan）大法官被任命
爲止的一段時間，喪失其在最高法院的「代表
權」外，亦均有該區之人就職於最高法院內。

中西部地區自一八○七年肯塔基州的涂德
（Thomas Todd）被任命為大法官後，即一直獲
有最高法院的代表權。而西部地區除在一九三
七年狄凡特（W. V. Devanter）大法官辭職後至
一九五三年華倫被任命為院長的十五年間，無
人在最高法院外，亦都享有其代表權。

　　獲有最高法院大法官代表權的三十一州，
各該州所擁有的大法官人數如**表 5-3** 所列。

　　從**表 5-3** 中得知，紐約州因居全國人文薈
萃之地，州內紐約市又為全美第一大城，故從
該州選出的大法官高達十五名，為五十州之冠，
占全數的 13.5％。大體而言，新英格蘭及東北
部所占比例較高，這與美國建國初期由東北部
向其他地區發展有關，有很多西南部的州，後
來才陸續加入美利堅合眾國，在十八世紀末葉
及十九世紀前期，在東北地區各州已相繼有人
進入最高法院之際，尚未加入聯邦以及新加入
的州，自然無法或難以在最高法院獲得席位。

　　在十九世紀以前，總統在挑選大法官人選
時，較注意地理區域的分配，這是因當時最高

表 5-3　一一次大法官任命、三十一州所獲有的大法官人數

州	人數	州	人數	州	人數
紐　約	一五	喬治亞	四	亞利桑那	二
俄亥俄	九	加利福尼亞	四	新罕布夏	二
麻薩諸塞	九	南卡羅萊納	四	緬　因	一
維吉尼亞	七	阿拉巴馬	三	密西西比	一
田納西	六	康乃狄格	三	堪薩斯	一
賓夕法尼亞	六	北卡羅萊納	二	懷俄明	一
肯塔基	五	路易斯安那	二	猶　他	一
馬利蘭	五	明尼蘇達	二	德克薩斯	一
紐澤西	四	愛渥華	二	印地安那	一
伊利諾	四	密西根	二	密蘇里	一
				科羅拉多	一

法院的大法官尙須在各上訴巡迴法庭審理案件，因此常要「騎馬巡行」(riding the circuit)，總統任命該巡迴區裏面的住民成爲大法官（以負責該巡迴區上訴法庭的訟案），就成了一項傳統[14]。若由該區選出的大法官有出缺的情況發生，總統多半從該區裏物色繼任的人選；然而，這種巡迴法庭在一八九一年被取消後，「地區主義」(sectionalism) 在總統選擇大法官人選時所占的地位，便大大地下降。這可從底下兩個階段的比例看出來：(1)一七八九年至一八九七年，以同一個區域任命的比例，占全部任命數的四分之三；(2)而從一八九七年至一九七〇年，則此比例已降到五分之二[15]。當然，總統是否重視地理區域分配的代表性問題，乃因人而異。

(三)家庭背景（或階級）

最高法院大法官的出身（家庭）背景，一般而言，都是來自上層社會的家庭，依據史密豪瑟（John R. Schmidhauser）的研究，約有 90％

左右的大法官，來自經濟富裕的家庭，只有 10
％左右的大法官出身卑微（humble
backgrounds）[16]，因此，最高法院大法官的家
庭背景，無法反映出美國的整個社會（階級）
結構。很少有勞工階級及窮人的後代，能夠躋
身最高法院。

　　把最高法院大法官任命的歷史分成幾個階
段，亦可以看出這種事實：(1)一七八九年至一
八二八年時期：在這個階段的大法官，只有一
人不是來自士紳階級（the gentry class）的家庭。
(2)一八二九年至一八六一年時期：此階段即歷
史上著名的「傑克遜民主」時代(period of
Jacksonian Democracy)，這段期間全部的十四位
大法官中，有三位出自下層社會的家庭，比例
稍高。(3)一八六二年至一八八八年暨一八八九
年至一九一九年時期：在這兩個階段中，大法
官的出身並未因為社會及政治關係的民主化
（the democratization of social and political
relations）潮流而改變為多從下層社會晉陞，仍
然和往常一樣，幾乎均來自上層社會的家庭。

不過，以往大法官多來自非專業性職業的家庭
（ families of the nonprofessional occupations ），
其父執輩不是地主便是製造商，一八六二年以
後（亦即內戰之後），這種出身自上層社會家庭
的結構，已從非專業性的地主士紳轉移到專業
性的精英身上。傳統上，這些士紳地主家庭，
在政治上雖活躍積極，但其影響力卻開始沒落。
但在一八八九年後，其在最高法院裏的大法官
席位，比例又再度回昇──60％（一八八九～一
九一九）及 72％（一九二○～一九三二）。然
而，由於出身寒微的巴特勒（Pieroe Butler）被
任命為大法官，使得這種以經濟地位做代表的
任命模式，已開始轉變。(4)一九三九年至一九
五九年時期：這個階段和「傑克遜民主」時代
相似，有三位大法官出自寒微的家庭，但不同
於傑克遜時期的是，出身自在政治上積極活動
的家庭的大法官，比例已降到 31％[17]。(5)目前，
這種大法官出身自上層社會或經濟富裕的家庭
的現象，似乎不再像以前那麼明顯了。譬如以
一九六八年至一九六九年的最高法院為例，九

位大法官中多數出身自寒門，其中有奴隸的曾孫、鐵路工人的兒子、愛爾蘭移民窮人的兒子、窮牧師的兒子及窮商人的兒子。而一九七四年至一九七五年的最高法院，亦有三位大法官出自寒門[18]。

依照資料顯示，所有出身自寒門的大法官，除了威爾森（James Wilson）屬聯邦派及華倫屬共和黨外，都是民主黨人。民主黨總統所任命的大法官中，有 28％乃出自寒門；而共和黨總統所任命的大法官，其出自下層社會的家庭者，不到總數的 10％，這種現象，似乎反映了政黨的社會結構之差異，也顯示出兩個不同的政黨所訴求支持對象的差別。民主黨總統所任命的九位出身卑微的大法官，其中有三位是十九世紀傑克遜政府及布瑞（M. V. Buren）政府所任命的，另六位則是在羅斯福（FDR）政府時代及其以後的民主黨政府所任命的。這些政府急欲尋求下層社會選民的支持。

最高法院大法官之所以多數來自上層社會的家庭，可以從兩方面得到瞭解：(1)要成為大

法官的人選，首先必須接受法律教育，而接受
法學院的法律教育需要相當的費用，一般下層
社會的家庭很難負擔得起這筆費用；即使早期
接受法律教育及法學訓練的主要方式，是在著
名的律師門下充當學徒，但也只有上層社會的
家庭子弟才有機會在名律師門下接受指導，一
般窮人是沒有這種機會的。(2)在接受完法律教
育後，上層社會的家庭子弟在獲取工作方面，
也比下層階級要有利得多了，因爲這些上過優
秀的法學院的人，也比較容易在有成就的法律
事務所（law firms）找到工作。

　　然而，從三○年代以來，即陸續有出身卑
微者進入最高法院，其主要原因蓋與法律教育
愈來愈富有彈性有關，例如柏格（Warren
Burger），本身經濟情況並不富裕，卻仍能在晚
上進法學院唸書，而白天則在一家公司負責推
銷保險。其次，也因爲法律性的職業、法官及
一些政府高級職位，愈來愈願意開放給那些出
身低階層的人。如果我們這種解釋並非謬誤的
話，則可預期的是：將來不僅會陸續有出身寒

微者進入最高法院，而且其比例可能會逐漸增加[19]。

(四)教育

如前所述，要成為最高法院大法官的人選，基本條件就是必須接受法律訓練或法律教育，通常，這可循下列兩種方式進行：(1)在名律師或法官的門下，充當學徒，接受他們的指導與訓練，這些名律師或法官，一般在法學上及法律實務上，均相當有涵養，經驗很豐富，且在司法界往往是佼佼者。在最高法院初期，大法官所接受的法律教育，多循這種方式（一九四一年就任大法官的 J. Byrnes 乃是經由這種方式接受教育的最後一位）。(2)在一般法學院(law school)接受正規的學校教育。這是在各地的法學院逐漸成長之後，才取代第一種學徒式（apprenticeship）的方式，本世紀大法官多半是從法學院出身的（可參考**表 5-1**），且自一九三七年以來，除了白尼斯（J. Byrnes）大法官是從法律學徒出身外，其餘三十二位大法官均

從法學院畢業，其中哈佛畢業者有九人，耶魯
畢業者有四位。

　　一般而言，出自名學校的大法官，約占總
數的 85%[20]，且三分之一以上的大法官乃出自
「長春藤聯盟學校」；而即使是學徒出身的大法
官，其所跟隨學習的律師或法官，亦將近有三
分之一是畢業自「長春藤聯盟」[21]。他們從這
些富有法律及政治經驗的司法界領袖與精英
中，學習到不少寶貴的經驗，對他們以後能晉
身至最高法院是相當有俾益的。以目前九位在
位的大法官來看，有五位是哈佛校友，二位是
史丹福出身，一位畢業於耶魯，另一位來自西
北大學，都是名校，其中哈佛畢業者超過半數，
足以影響最後的判決。

　　但要獲有法學院的學位或接受名律師的指
導，如上所言，通常只有上層階級才有這種機
會，雖然有人辯解是否接受過法律教育或法律
訓練才是大法官任用的基本條件，而不是社會
階級的考慮成為總統挑選人選時的主要憑藉，
但由於法學教育與社會階層兩者的密切相關，

階級因素亦因此間接成爲大法官被任用時所必
須考慮的。所幸，近幾年來的趨勢顯示：大法
官出身的階級，已不再是被考慮的重要因素了。

(五)職業

在此所謂職業，指的即大法官被任命時所
從事的職業，或更廣泛一點，乃大法官進入最
高法院之前的工作經驗。試看**表 5-4** 之統計。

表 5-4 和前面所述的大法官未必均具有下
級法院法官的資歷，堪稱吻合。以聯邦或州的
政府官員（包括州長）被任命爲大法官的有二
十五位，占總數的 22.3％。當然，從下級法院
法官被擢升爲大法官的仍居最多，共有五十三
位（包括三位被擢升爲院長的大法官），占 47.3
％，幾近一半。此外，參眾兩院議員，分別有
八位及四位被任命爲大法官，合計約占 10.7％。
其餘以律師被任命爲大法官的有十八位，以法
學教授及國際法院法官進入最高法院的，分別
有三位及一位。大法官在進入最高法院之前，
雖未必具有法官的經歷，但幾乎都有司法經驗

表 5-4　大法官被任命時之職業分類暨其人數 [a]

職　　　業	人數
Judge of Federal Court	28
Federal Officeholder in Executive Branch	22
Judge of State Court	22
Private Practice of Law	18
U.S. Senator	8
U.S. Representative	4
State Governor	3
Professer of Law	3
Associate Justice of U.S. Supreme Court [b]	3
Justice of the Permanent Court of International Justice	1
共計　(total)	112

註：a.大部分的被任命者，在他們被選之前均曾擔任過很多
　　不同的聯邦或州政府的職位，甚至兩者均曾任職過。
　　一般而言，在最高法院初期，從州政府的職位中被任
　　命者爲數不少；最近則多從聯邦政府的官員中任命。

　b. White、Stone 及 Rehnquist 大法官，分別在 1916、1930
　　及 1986 年被擢升爲院長。

資料來源：H. J. Abraham, *Justices and Presidents*, p.53;
　　　　　Congressional Quarterly, vol. 33, no.49 (Dec.6,
　　　　　1975) and vol. 39, no. 28(July 11, 1981); Law-
　　　　　rence Baum, *The Supreme Court* (Washington,
　　　　　D.C.: Congressional Quarterly Inc., 1995), pp.60-
　　　　　61.

（廣義的），在他們的事業中，至少曾在某一時期擔任過與司法有關的工作，甚且有很多人曾任職過政府部門，有豐富的政治經驗。不過，無論如何，法律性的工作還是絕大多數人（約占 97％）在進入最高法院前主要的「非政治性職業」（nonpolitical occupation）。

　　儘管執行法律業務是大法官進入最高法院前的主要職業，但仍有少數幾位並未執行過律師業務，例如史東、法蘭克福特、道格拉斯及陸特笠芝（Rutledge）均是，他們都是法學院教授或院長，而除了史東外，其餘三人均為羅斯福(FDR)所任命。羅斯福一下子任命了這麼多位法學教授，被人認為是一項「先例」，這種舉措擴大了大法官遴選的範圍。

　　律師既然是大法官先前的主要職業，則大法官早期從事的究為何種律師業務，便引起我們的注意，史密豪瑟乃將大法官在進入最高法院前所任職過的律師，分為五種：(1)主要是充當政治人物（politicians）型的律師。(2)將大部分時間花在任職州或聯邦法官職位的律師。(3)

在他們法律事業處於顛峰時，多被人認為是大
法律公司(large corporations)的代理人(agents)的
律師。(4)執業形式大部分不以公司型態出現的
律師。(5)主要在追求學術的教育型律師[22]。史
氏的這五種分類，側面為我們提供了大法官在
進入最高法院前早期的主要職業型態。

(六)政黨（黨派）

美國政治人物都有他們黨籍的隸屬，最高
法院大法官本身也不例外（除了自稱是獨立人
士的法蘭克福特），總統在提名大法官時，因而
也必須考慮到他的黨籍問題，一般而言，總統
多半任命與自己同一政黨的人為大法官（比例
約為 87%），跨黨任命的個案只有十三件，其
中共和黨總統（林肯、哈芮遜、塔虎脫、哈定、
胡佛、艾森豪、尼克森）跨黨任命的大法官有
九位（均為民主黨籍）；民主黨總統（威爾遜、
羅斯福、杜魯門）跨黨任命的大法官則只有三
位（均為共和黨），若再加上羅斯福任命的獨立
人士法蘭克福特（其實被歸為民主黨籍），則有

表 5-5　各黨派所擁有的大法官人數

黨　　派	人　數
Federalists	13
Whig	2
Democrat-Republican	7
Democrats	39
Republicans	51
共　　計	112

註：總人數 112 人，包括 White、Hughes、Stone 及 Rehnquist
　　四位院長（同僚大法官被任命爲院長）重複計算。

資料來源：Ellen Greenberg, *The Supreme Court Explained*
　　　　　(New York: W. W. Norton & Company, 1997),
　　　　　pp.104-108.。

四位。另外，早期輝格黨（Whig）總統泰勒（John
Tyler）任命了一位民主黨人士納爾森（S.
Nelson），所以共有十三位被跨黨任命的大法官
[23]。**表 5-5** 顯示的是各黨派在最高法院所占的
人數。

　　從**表 5-5** 中可知：早期大法官多爲聯邦派
人士，輝格黨籍的只有二位（Samuel Nelson 與
B. R. Curtis），亦爲輝格黨總統泰勒與費爾摩

（Fillmore）所任命；屬民主黨的大法官共有三十九位，占 34.8％，比例次高，而共和黨籍的大法官亦有五十一位，占 45.5％，比例最高。民主黨成立於一八二八年，而共和黨成立於一八五四年，民主黨的歷史比共和黨長，且共和黨總統跨黨任命的次數又較多，按理民主黨籍的大法官應比共和黨籍多才是。其中原因可能是共和黨執政的時間較長的緣故（共和黨籍總統有十七位，民主黨籍才十二位）。有趣的是，雖然有不少學者認為美國選民的政黨認同早已開始沒落，但是和總統跨黨任命大法官的比例相對照之下，並未顯示兩者有密切的相關。雷根、布希和柯林頓最近所任命的九位大法官，亦均為各該黨的人士。

(七)宗 教

　　宗教的差異性，自始即生根於美國社會之中，總統所任命的大法官，他們之間不同的宗教信仰，也可以顯示出這種情況來。然而，由於美國基本上是新教徒（Protestant）移民的國

家，所以，在一百零八位大法官中，即有九十三位屬新教徒，約占 86％。另外有九位是天主教徒（Roman Catholies），六位是猶太教徒（Jews）[24]。目前，在最高法院至少應維持有一位的天主教徒與猶太教徒，似乎被人認為是一種「慣例」了。試看表 5-6 的統計。

雖然絕大多數大法官是新教徒，但所隸屬的新教教派卻異常的複雜，從這裏也可反映出美國是個多元的社會。

如上所述，平均十個大法官中即有近九個是新教徒，更進一步言，其中有八個是來自上層階級的新教徒，而且下層階級的新教徒及天主教徒、猶太教徒大法官，幾乎均來自民主黨，這似乎顯示出民主黨是個「平民化的政黨」[25]。

(八)種族與性別

如果我們回溯最高法院的歷史，則最高法院幾乎全是白人男性的天下，種族及性別的因素，可以說根本不在總統的考慮之內，因為屬於少數種族的人及當時在政治社會上處於弱者

表 5-6　大法官被任命時所隸屬之教派暨其人數

教　派	人　數
Episcopalian	26
Unspecified Protestant	25
Presbyterian	17
Roman Catholic	9
Unitarian	6
Baptist	5
Jewish	6
Methodist	4
Congregationalist	3
Disciples of Christ	2
Lutheran	1
Quaker	1

註：表中共計一○五位大法官，另三位屬新教徒之大法官，
　　本文因資料不足，故未能歸類。

資料來源：H. J. Abraham, *Justices and Presidents*, p. 57; *The Judiciary: The Supreme Court in the Governmental process*, p.162; Barbara A. Perry, *A "Representative" Supreme Court? The Impact of Race, Religion, and Gender on Appointments* (Westport: Greenwood Press, 1991), p.145.

地位的女性，絕不可能成為潛在的被提名者
（potential nominees）。這主要是因為婦女與少
數種族，尤其是黑人（其實，黑人已不是少數
民族了）很難獲得法學院的教育機會，在工作

上也處處受到社會的限制，也因爲社會設下的種種限制，侷限了他們在事業上有所成就的人數，使得能在社會上出人頭地及頭角崢嶸的婦女與黑人，爲數不多，於是間接阻礙了他們獲得被提名爲大法官人選的捷徑。

　　不僅黑人與婦女難以插足最高法院，少數民族中，亞非裔的美國人更難廁身最高法院。被任命爲大法官者，以西歐及北歐裔的移民或其後代居多，其中更以英格蘭人、威爾斯人、蘇格蘭人及愛爾蘭人占有最優勢的地位，約占88％。根據史密豪瑟在六○年代的研究，源於西北歐但不在不列顛群島之內的歐裔大法官共有七人，即法裔者四位（ J. Jay, G. Duval, L. O. C. Lamar, J. R. Lamar）、荷裔者二位（ W. Johnson, W. N. Devanter）、挪威裔者一位（ E. Warren）。中歐、南歐及東歐裔者，爲數更少，只有五位，且其中有四位是德裔（ J. Catron, S. F. Miler, L. Brandeis, F. Frankfurter），另一位是伊比利亞人的後裔（ B. N. Cardozo）。在歐陸各民族的後裔中，獨缺義大利人及斯拉夫人[26]。大體而言，

在一七八九年至一八二八年間，最高法院裏大
法官中種族的分配，比較接近全國人口中種族
分布的比例，但隨著非英系（non-British origin）
民族的成長，這種差距便愈來愈大。

　　然而，近年來婦女及少數民族已漸有機會
躋身最高法院了，一九六七年詹森總統任命首
位黑人大法官馬歇爾進入最高法院，打破了黑
人不爲大法官的傳統；而直至八○年代，一九
八一年初，在雷根任命第一百零二位大法官歐
康蘿進入最高法院後，美國婦女首度獲取了最
高法院裏的一個席位，一旦有這種「先例」產
生，往後即可能形成一種「慣例」，而再難以改
變過來，黑人與婦女團體勢必盡力設法保持他
（她）們的席位。包姆在一九八一年時曾預言
將來婦女及少數種族團體很可能在最高法院繼
續保有它們的大法官席位，因爲一來總統愈來
愈有強烈的意願，希望任命黑人及婦女爲大法
官[27]；二來教育與工作機會，對這兩種人而言，
均持續不斷地在增加，也越來越開放；三來白
人男性仍認爲他們自己擁有很多利益，可以在

大法官的人數上，**繼續維持優越的地位**[28]。果不其然，一九九一年馬歇爾大法官離職後，布希總統即任命另一位黑人湯瑪斯繼任。而柯林頓上台後，於一九九三年任命了另一位女性金絲柏格繼任辭職的懷特，而使目前在位的最高法院大法官中，有九分之二是女性，創下了先例。如果可能的話，我們希望將來亞非裔者也有機會進入最高法院。

註　釋

[1]Barbara A. Perry, *A "Representative" Supreme Court? The Impact of Race, Religion, and Gender on Appointments* (Westport: Greenwood Press, 1991), p.1.

[2]Ibid.

[3]Ibid.

[4]Ibid. pp.1-2.

[5]世界各國，一般而言，不是在憲法上，便是在法律上，對其大法官任用的資格有所規定。請參閱楊與齡，〈各國大法官任用資格之比較研究〉，《憲政時代》，第五卷第三期，民國六十九年一月，頁八一～八九。

[6]Henry J. Abraham, *The Judiciary: The Supreme Court in the Governmental Process* (Boston Allyn and Bacon, Inc., 1983), p.162.

[7]Henry J. Abraham, *Justices and Presidents* (New York: Oxford University Press, 1974), pp.43-44.

[8]Henry J. Abraham, *The Judiciary: The Supreme Court in the Governmental Process*, p.157.

[9]S. 1184, 85th Congress, lst Session.

[10]Lawrince Baum, *The Supreme Court* (Washington:

Congressional Quarterly Press, 1981), p.52.

[11]Felix Frankfurter, "The Supreme Court in the Mirror of Justices," 105 *University of Pennsylvania Law Review* (1957), p.781.

[12]As quoted in the *New York Times* Magazine, Nov. 28, 1954, p.14.

[13]其中馬利蘭州已算入東北部的一部分；肯塔基州在一八三七年以前屬中西部，但從該年以後則屬於南部；德克薩斯州屬於南部；而蒙大拿州及在它底下的各州，已成為西部的一部分了。See Robert Scigliano, *The Supreme Court and the Presidency* (New York: The Free Press, 1971), p.112.

[14]Sheldon Goldman and Thomas P. Jahnige, *The Federal Courts as a Political System* (New York: Harper & Row Publishers, 1976), pp.63-64.

[15]Robert Scigliano, op. cit., p.112.

[16]John R. Schmidhauser, *The Supreme Court: Its Politics, Personalities, and Procedures* (New York: Holt, Rinchart and Winston, 1961), p.32.

[17]Ibid. pp.32-33.

[18]進一步的分析，請參閱 P. M. G. Harris, "The Social Origins of American Leaders: The Demographic Foundations," *Perspectives in American History*, 3(1969), 159-344。此篇文章主要是研究美國歷史中，社會流動的情形，及其流動的機

會，對美國社會精英崛起的背景有詳細的討論，
可參閱有關大法官分析的部分。

[19]Lawrence Baum, op. cit., p. 55.

[20]Shelden Goldman and Thomas P. Jahnige, op. cit.,
　　p.68.

[21]J. R. Schmidhauser, op. cit., p.43.

[22]J. R. Schmidhauser, op. cit., p.45.

[23]被共和黨總統跨黨任命的民主黨籍大法官為：S. J.
　　Field（林肯），H. E. Jackson (哈芮遜)，H. H. Lurton,
　　E. D. White (被擢升為院長)，J. R. Lamar（以上為
　　塔虎脫），P. Butler (哈定)，W. J. Brennan（艾森豪）
　　和 L. F. Powell, Jr. (尼克森)。而被民主黨總統任命
　　的共和黨籍大法官為：L. D. Brandeis(威爾遜)，H. F.
　　Stone(被羅斯福擢升為院長)及 H. D. Burton（杜魯
　　門）。

[24]八位天主教徒大法官是：Taney, White, Mckenna,
　　Butler, Murphy, Brennan, Scalia 和 Kennedy。五位
　　猶太教徒大法官是：Brandeis, Cardozo, Frankfurter,
　　Goldberg 和 Fortas。費爾摩總統在一八五三年原屬
　　意路易斯安那州的班傑明（J. P. Benjamin）為大法
　　官人選，但班氏寧願當參議員，所以婉拒了費爾
　　摩的美意，否則布南戴斯就不是第一位猶太教徒
　　大法官了。

[25]S. Goldman and T. P. Jahnige, op. cit., pp.69-70.

[26]J. R. Schmidhauser, op. cit., pp.37-38.

[27]例如雷根在一九八〇年十月未就任總統前，即表示他就任總統後，保證一定任命一位女性大法官。
See *Congressional Quarterly*, vol. 39, no. 52 (Dec. 26, 1981), p. 2559.

[28]Lawrence Baum, op. cit., p.56.

第六章
結 論

　　不論中美，大法官任命之具政治性，已如前述；以我國而論，萬一未來總統或國民大會改由在野之民進黨人士出任或占居多數，則大法官會議之組成可能一夕變天（依最新修憲規定，至少也會有一半換血），由藍（國民黨代表色）變綠（民進黨代表色）。如是情形，在美國則不可能出現，蓋因其非總統「集體任命」之故。未來若有政黨輪替執政的情形出現，這種「政治任命」的傾向便會更趨凸顯，第六屆大法官的任命，無一人爲民進黨籍或新黨籍，已經夠清楚地爲我們指出這樣的趨勢。

　　如以任期觀點來看，美國聯邦最高法院大法

官因爲係終身制，按理，總統在提任人選時，應較有任期制之國家如我國者更具政治性才對，蓋定有任期制者，大法官於一定時間內會有所更迭，因而其所確定之「政策方向」便不無改變之可能，也就不能長久影響甚或形塑政府之決策，政治性任命之考量，即毋須占太高之比重。反之，如美國大法官之爲終身職者，一旦大法官個人進入最高法院後，除非離職（死亡、轉職、自動退休等），其個人涉及政府決策之裁決所發揮的影響力，將是長遠的，總統在提任時自須慎重考量政治性的因素。然而，就中美兩國來看，如前幾章所述，顯然我國歷任總統對於大法官的政治性任命，絕不亞於美國總統任命的紀錄。

以較嚴苛的角度看，中美兩國關於大法官的選任，相似者少，而相異者多，上所言政治性之考量，係其在相似方面之最凸顯者。惟若進一步就其歷任大法官人選背景予以分析，則又可發現兩者之間有著諸多共同的特色。底下就此分別予以討論。

一、我國與美國大法官選任過程之異同

(一)相同之處

關於大法官的選任過程,中美兩國相同之處有如下三項:

1.法定程序相近

我國憲法規定,大法官由總統提名與任命,並須經監察院同意(憲法第七十九條)。修憲後,如第二章所述,由總統提任之程序未變,惟同意機關改由具民意基礎的國民大會行使,第六屆大法官即係在國民大會同意之下產生的。

美國憲法亦規定,大法官由總統提名和任命,惟須經國會之一的參議院同意(美憲第二條)。

不論是我國的監察院(第三次修憲前)與國民大會(第三次修憲後),或是美國的參議院,

其均爲民意機關，由民意機關來「節制」或「參
贊」總統的提任權，其理則一。更且，此一同意
機關只由國會之一的一個機關行使，毋須由所有
國會機關（我國立法院、美國眾議院）來共同行
使。

　　稍不同者乃美憲在由參議院行使同意權的
文字規定上，加上了「諮詢」或「勸告」（原文
爲 advice）的字眼，而我國憲法則無類似文字。
但所謂 advice 的真正涵義爲何，則少有人對此加
以追究；其實，在參議院行使同意權的過程中，
即附帶有對被提名人選的審查，而這些審查即不
無爲總統提供「諮詢」或「勸告」的用意；甚至
同意與否本身即是另一種形式的「諮詢」或「勸
告」，所以有否此一文字似乎不是那麼重要了。

2.遊說活動熱烈

　　此所謂「遊說」，指的是凡在總統提名前試
圖影響或建議其提名人選的各類活動，包括自薦
與推薦。

　　我國在兩位蔣總統時代，對於大法官的提名
雖亦有不少熱烈的自薦及推薦者，惟真正試圖影

響總統（提名小組）決定人選的各種活動，如民意代表舉辦公聽會、進行問卷調查、輿論的強烈反映……都在李登輝總統時代登場，遊說活動已如美國情形，可謂五花八門。美國大法官提名之前的「熱身賽」，一開始便打得如火如荼，利益團體及參議員是其中的佼佼者，各項遊說活動層出不窮。

　　總統對提名權的行使，受到這麼多的各方的壓力，在民主的時代看來，基本上應屬健全，蓋此可減輕其「獨攬」的色彩，也能迫使其思慮及決定更加周全。

3.同意權機關審查日益嚴謹

　　早期監察院對於大法官人選行使同意權時，由於當時國內政局係國民黨一黨獨大，且國民黨又是以黨領政，加上強人政治，監察院對於行使同意權所發揮的功能，與其說是「節制」，不如說是「參贊」，也即如第二章所言「流於形式」。但從第六屆大法官的選任開始，一方面由於制度的改變（由國民大會行使同意權），一方面則因為反對政治的儼然成熟，國民大會對於總

統提名人選的審查，相較於監察院，更趨嚴格。
而由於大法官被提名人亦須如美國一樣親自出
席接受詢問，當場面臨各種問題的挑戰，已難以
避免。

　　以第六屆大法官的選任爲例，國民大會在行
使同意權時對於被提名人的詢問即涉及其個人
道德問題，這種情形在美國參議院來說早已司空
見慣，以湯瑪斯的案子爲例，參議院在審查他的
提名案時，即對其之前涉嫌性騷擾的問題提出質
疑（個人的私德），甚至當庭讓其與指控他性騷
擾的前助理奚爾對質與辯論，且將這場聽證會透
過電視向全國播出。如第三章所言，參議院對總
統的提名人選，自一九四九年以來，審查日趨嚴
格，被提名人要過關愈來愈不容易。

(二)相異之處

　　至於中美兩國關於大法官選任過程相異之
處，則有如下六項：

1.推薦者的影響力不同

　　在提名前的遊說階段，不論我國或美國，總

統方面都可以收到各方人士的推薦名單，以利益
團體及法律專業團體（後者其實也是一種利益團
體）的活動爲例，我國的情形在強人政治時代就
甭說，以第六屆大法官的提名而言，法學界的推
薦，效果即屬有限。但美國的利益團體，以及像
ＡＢＡ這種專業團體，其對總統的提名權則較具
影響力，如尼克森即曾「反客爲主」，主動將他
可能提名的人選名單逕交ＡＢＡ審查。美國總統
在提名大法官人選之前，不得不考慮一些利益團
體的反應。

2.提名小組的有無

　　我國歷任總統提名大法官，如前所述，向由
總統指定人選成立一提名（審薦）小組，負責所
有的提名事宜，此一提名小組才真是總統的「參
贊」者或「諮詢」對象。總統依據提名小組的建
議名單提名人選的比例，非常之高，幾乎可說是
「言聽計從」，如此一來，提名小組等於分享了
總統的提任權，而總統獨攬的色彩也因之減淡許
多。

　　美國總統在提名大法官人選前，並未像我國

總統那樣依例要先成立一提名小組，儘管他可能徵詢司法部長、其他閣員，甚至是熟稔的友人們的意見。因爲如此，所以在決定大法官人選一事上，美國總統的獨任色彩，相形之下，便顯得較爲濃厚。

3.集體任命與非集體任命

有無提名小組的差異，其關鍵恐怕就在於：我國大法官的任命係一次整批任命，也即集體任命（第六屆以前之大法官因而有屆次之別）；而美國大法官則不分屆次，只在個別大法官出缺時始能「補」任。集體任命事繁，總統事先須有「幕僚」爲之處理各項事宜；個別任命事簡，不須太費周章，總統一人即游刃有餘，不須再另設提名小組。

4.同意權機關審查委員會之差異

美國總統提名大法官人選後即送參議院，而參議院則將對於被提名人的審查交付司法委員會負責，司法委員會在審查過程中通常都會舉行聽證會，並邀相關人員出席。參議院對於被提名人審查的重責大任，不是落在院會而是在委員會

身上。委員會的投票採具名表決方式，做成「贊
同」、「不贊同」或「無意見」的表示，送交院
會，而院會通常都會尊重委員會的決定。

　　我國民意機關對於大法官被提名人的審
查，不論是由監察院的全院委員會或是國民大會
的行使同意權審查會負責，因其組成分子和監察
院院會或國民大會本身的成員無異，以致有程序
重複之虞，審查會的成員既和院會或大會本身是
同一批人，後者豈會拒絕前者的審查決定？此
外，不論是監察院的全院委員會或是國民大會的
行使同意權審查會，並不舉行美式的聽證會，因
而與提名案及被提名人有關的人員也就不得與
席。

5.情治單位調查行動的有無

　　如第二章結束前所說，美國在總統初步決定
大法官的人選後，聯邦調查局便會依法做例行性
的調查工作，將人選的各方面包括收入、所得
稅、投資理財、個人精神狀態……以至於是否吸
毒或嗑藥等等，調查得一清二楚，而其所得到的
情報，依隱私法列入保密，只有白宮及少數國會

領袖可以調閱。

　　我國直至目前為止，對於大法官潛在的人選或被提名人，情治單位似未有如美國那樣的作法，以致像第六屆大法官被提名人於國民大會的審查會上，國大代表以自己所蒐集而來的資料予以詢問時，常常是「牛頭不對馬嘴」，事實真假如何，更難判斷，當然，投票表決之後也就不了了之，不會再有人追究了。

6.跨黨任命的有無

　　在大法官的提名與任命上，我國歷任總統顯得相當地嚴守政黨分際，連八十七年三位補提任的大法官也算在內的話，總共一百廿五人次的提名中，除了第一屆的沈家彝（民社黨）、周蜀雲（青年黨）係在野黨黨籍者外，均無在野黨人士被提名，其中周蜀雲且未為國民黨占多數的監察院所同意，換言之，在六屆大法官中，總統只任命過一位反對黨人士——雖然還有十位為無黨籍者，也即其跨黨任命的比例百不得一。

　　美國總統在提名大法官之前，如第三章所言，必然會考慮人選的黨籍，原則上總統也都提

名及任命同黨人士，畢竟同黨人士在政策的觀點
及傾向上會較為接近。但由於美式政黨不像英國
那樣係屬「剛性政黨」，一般黨員黨性不強，在
某些議題上，共和黨的左翼與民主黨的右翼反而
更為接近，因而總統有時會做跨黨任命的選擇，
也就不會令人感到驚訝，其跨黨任命比例雖然不
高，但亦有 11％，比例雖小，卻也令我們「望
塵莫及」。

二、我國與美國大法官背景之異同

(一)大法官的法定資格

　　關於大法官的資格規定，中美兩國的憲法均
付諸闕如，未置一詞。惟我國則由法律（司法院
組織法）予以定之，美國則連一般法令也缺乏規
定（如第五章所述，雖然有國會議員亦曾提案制
定相關法律，擬對大法官任用資格予以限制，惜

均未爲國會所通過），委由總統全權提名——
於是美國大法官個人應具何種資格或條件，乃任
其存於歷任總統的腦海中。

　　我國大法官的任用資格雖以法律定之，惟憲
法條文中並未有「另以法律定之」之字眼。儘管
如此，「大法官之資格」一事，乃屬「茲事體大」
者，不能不由相關法律詳加規定，尤以我國並未
有如美國如斯之深之民主文化及憲政傳統，若未
予規定，仿效美國，唯恐畫虎不成反類犬也，徒
生爭議。司法院組織法規定的大法官資格（第四
條）共有五項，如第四章所述，其中若干文字雖
迭遭批評，行憲以來並未見重大缺失，歷任大法
官中迄今尙未見有被批評爲不適任者。

　　值得一提者乃美國憲法及法律雖未對大法
官之任用資格詳予規定，惟究其實際，歷任總統
心目中自有其理想之標準，而由其心目中那把量
尺所決定出來的人選，其資格或條件之嚴苛，甚
至較我法律之規定有過之而無不及，如第五章所
述，其人選如本身能力不足，不要說過不了參議
院那關，連沸沸騰騰的輿論和利益團體的壓力事

先就過不了；而具備能力之人選，翻開其個人歷史背景，均有一長串的資歷，甚至包括出身於法律名校，絕非泛泛之輩，論其條件，均堪稱一時之選。中美兩國對於大法官任用資格規定之有無，並不妨礙其實際人選均為人中之龍。

（二）大法官的實際背景

關於中美兩國大法官背景的異同，可就下述六項分別敘述之：

1.年齡

中美兩國大法官被任命時之年齡，多半集中在五十至五十九歲之間（前者占 43.6％；後者占 50.9％），五十至五十九歲之年齡，適值人生中的壯年時期，過了耳順之年的大法官，無論是經驗、閱歷或學識，幾至顛峰狀態，而身體尚硬朗，不似耄耋之老年，體力難堪繁重之釋憲工作，因此，大法官被任命時之年紀多集中在這個壯年時期，實不難想像。

不論我國或美國，年紀太輕或太大之大法官，所占比例均屬有限，我國總統就從未任命過

四十歲以下之大法官，美國雖有三位，那也都在二十世紀以前；同樣，七十歲以上始被任命之大法官，亦是少之又少，以我國而言，雖占五位，但都在第三屆以前，美國則六十五歲以上僅占六位，情形亦同。

雖然如此，認真說來，中美兩國對此仍有差異，此即美國大法官被任命時之年齡平均為 52.5 歲，而我國則高至 58.1 歲，相差近六歲，此乃表示我國大法官會議（或憲法法庭）的組成分子，大體上其年齡要較美國聯邦最高法院來得大。美國近幾任總統所任命的大法官，年齡有逐漸年輕化的趨勢，但我國從第四屆到第六屆，大法官被任命時的平均年紀則尚未看出有年輕化的走向——我國總統以後是否應注意此一趨勢之發展呢？

2.性別

女性大法官之名額，不論是我國或美國，所占之比例均極低。我國歷任大法官中，僅有張金蘭、范馨香、蔣昌煒及楊慧英四位（目前在位大法官中僅最後者一位）；美國的紀錄更是奇低無

比，二百多年的行憲史中，僅出現過兩位女性大
法官，比例爲百分之一，且這兩位女性大法官一
位在八○年代（歐康蘿）、一位在九○年代（金
絲柏格）始被任命。

　　兩相比較之下，我國於一九四八年時，蔣中
正總統即提名女性（周蜀雲）爲大法官（雖未被
監察院同意），而美國則遲至一九八一年時，才
由雷根總統提名並任命一位女性大法官（歐康
蘿），亦即我國早了美國三十三年提名女性大法
官，反爲民主先進的美國所不及。當然，以目前
中美兩國社會女權意識高漲的情形觀之，未來的
女性大法官名額，恐怕只能增加而不能減少。不
論是我國或美國，目前在位的女性大法官人數均
稍嫌過少，畢竟女性人口占一半，教育水準也不
比男性低。

3.籍貫（出生地）

　　爲了顧及地域代表性的問題，中美兩國總統
在提任大法官時，都會考慮其所屬籍貫（或出生
地）。我國有三十五省（與目前中共對大陸省區
的劃分不同）、十四特別市、兩地方及一行政特

區，而歷屆八十九名大法官則分別來自二十二個
省份和海南行政特區。美國共有五十州，而其歷
任大法官則分別選自三十一州。我國大法官名額
多分布在華北、華中及華南三個地區；美國則以
新英格蘭區及東北部地區的大法官爲最多。不論
中美，大法官出生地集中地區，都是該國政治、
經濟、文化的薈萃所在。

　　但晚近的趨勢顯示（我國自第六屆開始），
地域代表性的考量因素，在總統決定人選時有降
低的傾向，尤其以同一地方（省、州）的大法官
任命的情況（即遞補該地出缺者）。以我國第六
屆大法官的任命而言，由於絕大多數爲台灣省
籍，可說完全不再考慮地域代表性平衡的問題
了。

4.教育

　　中美兩國大法官都有良好的教育背景，而且
絕大多數都是出自名校。如上所述，美國出自名
校的大法官，約占總數的 85％，其中且有三分
之一以上畢業於「長春藤聯盟學校」；而即使在
早期學徒出身的大法官，其所跟隨學習的律師或

法官，將近有三分之一亦出自「長春藤聯盟學校」。我國的情形（參見第四章）大體相似，留學者有法國巴黎大學、英國倫敦大學、美國耶魯大學、德國海德堡大學、日本東京帝國大學、早稻田大學……；國內大學（以上）畢業者，也多來自台灣大學、政治大學、北平朝陽大學……。

值得吾人注意的是，不論中美，大法官可說率皆出自法律系（所）；除了極少數人為相關科系畢業外，如我國只有五位大法官畢業於政治系，而法律系畢業者則高達 90％。在美國，則獲有法學院學位或接受名律師的指導，已成晉身大法官的必備教育條件了。

5.經歷

此處所說的「經歷」，基本上係指大法官被任命時所從事的職業而言。如以職業類別做粗淺的劃分，大法官之前的經歷，不外乎：政府官職、民意代表、法學教授、律師和法官，但主要的經歷集中在後三項。以我國而言，可以說，歷任大法官不是出身於最高法院法官（以司法院組織法第四條第一項第一款任命者即有三十三人次之

多），便是來自法學教授（以第三款任命的大學
教授有廿六位）。相形之下，民意代表（立委）
出身者則只有五位。

　　美國的情形則稍有不同。其大法官中出身於
法官者雖亦高達五十三位，比例幾占一半，惟法
學教授僅占三位，而民意代表（參、眾議員）出
身比例雖不高，亦有十二位之多，占十分之一
強。最重要的是，律師出身者有十八位——這是
我國所無的情況；而我國之所以未有律師躋登大
法官席位，主要的原因或在司法院組織法關於大
法官資格的規定，未有以律師定爲選任標準的條
款。這也是長期以來爲國內律師界所詬病的所
在。

6.政黨

　　不管是我國的五權分立或美國的三權分
立，大法官於其中所居的地位，政治上的重要性
不言而喻，如上所言，大法官的政黨背景便顯得
格外重要，爲任命他的總統所不得不重視的因
素。正因爲如此，中美兩國的總統絕大多數都提
名並任命自己的同黨人士爲大法官，美國歷任總

統跨黨任命的個案僅有十三件，不說別的，光是
最近三位總統雷根、布希及柯林頓所任命的九位
大法官，都是他們同黨的人士。

　　我國的情形更是如此。由於國民黨長期執
政，國民黨籍的總統所任命的同黨籍大法官，比
例高達 88％。歷屆以來只有十一人為非國民黨
籍，而且其中屬跨黨提名的僅兩位（沈家彝及周
蜀雲），跨黨任命更只有一位（民社黨沈家彝），
其餘十人均為無黨籍者，在野的民進黨與新黨，
迄今仍無人被提任為大法官，連八十七年的補提
任，李登輝總統也不予考慮由在野黨人士中選
出。與美國不同的是，我國至今尚無政黨輪替執
政的經驗，所以歷任大法官幾近九成皆為國民黨
籍；而美國則因共和、民主兩黨均有執政機會，
所以大法官中在朝與在野的政黨黨籍的比例，分
配即很平均（民主黨 34.8％，共和黨 45.5％）。

三、結　語

　　依原先司法院組織法（第三及第五條）之規定，司法院設大法官十七人，每屆任期爲九年，大法官若出缺，其繼任人之任期至原任期屆滿之日爲止。而司法院長雖名爲「大法官會議主席」，本身卻非大法官，在主持大法官會議時，原則上亦無表決灌。院長（或副院長）參與大法官會議，其本身卻非大法官，長期以來便迭遭批評[1]。有鑑於此，八十六年修憲時，於其增修條文第五條第一項將此制度予以修改，而且連同原先十七名定額也一併刪減，該條項規定：「司法院設大法官十五人，並以其中一人爲院長、一人爲副院長，由總統提名經國民大會同意任命之。」

　　不惟如此，同條第二項且規定：「司法院大法官任期八年，不分屆次，個別計算並不得連任」，並且「爲院長、副院長之大法官，不受任期之保障」；於是從第六屆以後之大法官，不僅

不再有「第七屆」之別，而且其任期最多只有八
年（原先規定每屆任期為九年）。不過這項新規
定係從九十二年才開始（為配合未來總統均可提
任半數大法官）[2]，因之八十八年就任司法院長
之原首席大法官翁岳生，也為此喪失大法官的資
格。

　　儘管如此，原先司法院組織法對於大法官任
命時所設定的資格限制，並未因修憲新制而有所
更改，因而未來總統在提任大法官時，仍須考慮
該條款的規定。當然，如本書前頭所言，法令文
字的規定是一回事，實際的運作與過程又是一回
事，不論中美，情形皆同。大法官的比較研究，
除了中美兩國的比較外，也可拿德、日等國來與
我做比較分析，相信其結果會是另外一番面貌。
未來大法官的選任以及其人選的背景，是否會有
新的變化，就讓我們拭目以待。

註　釋

[1]涂懷瑩，＜大法官釋憲制度若干問題的商榷＞，《憲政時代》，第七卷第一期，民國七十年七月，頁一六。

[2]憲法增修條文第五條第三項為此特別規定：「中華民國九十二年總統提名之大法官，其中八位大法官，含院長、副院長，任期四年，其餘大法官任期八年。」

參考書目

一、中文部分

(一)專書

1. 朱諶，《中華民國憲法——兼述國父思想》，台北：五南圖書出版公司，民國八十三十一月。

2. 李道揆，《美國政府與政治》，北京：中國社會科學出版社，一九九○年九月。

3. 林紀東，《中華民國憲法逐條釋義》（第三冊），台北：三民書局，民國七十一年一月。

4. 洪國鎮，《釋憲制度之研究》，台北：嘉新水泥公司。

5. 荊知仁，《憲法論衡》，台北：東大圖書公司，民

國八十年四月。

6.翁岳生，《法治國家之行政法與司法》，台北：月
　旦出版公司，民國八十六年四月。

7.陳俊榮，《大法官會議研究》，台北：台灣商務印
　書館，民國七十八年四月。

8.陳新民，《中華民國憲法釋論》，作者自印，民國
　八十四年九月。

9.鄒文海，《鄒文海先生科學文集》，台北：鄒文海
　先生六十華誕受業學生慶祝會，民國五十六年二
　月。

10.謝瀛洲，《中華民國憲法論》，台北：司法院秘
　書處，民國六十五年十月。

11.謝瑞智，《憲法大辭典》，台北：地球出版社，
　民國八十年九月。

12.薩孟武，《中國憲法新論》，台北：三民書局，
　民國六十三年九月。

(二)論文

1.法治斌，＜大法官之選任及其背景之比較研究＞，
　《政大法學評論》，第廿二期，民國六十九年十月。

2.胡經明，＜大法官釋憲制度的先決問題＞，《憲政

評論》，第十三卷第六期，民國七十一年六月。

3.———，〈幾個值得重視的大法官問題〉，《憲政評論》，第十六卷第九期，民國七十四年九月。

4.涂懷瑩，〈大法官釋憲制度的演變與檢討〉，《東方雜誌》，復刊第十五卷第六期，民國七十年十二月。

5.———，〈大法官釋憲制度若干問題的商榷〉，《憲政時代》，第七卷第一期，民國七十年七月。

6.陳俊榮，〈美國聯邦最高法院大法官背景及其選任過程之研究〉，《憲政時代》，第十二卷第一期，民國七十五年七月。

7.楊與齡，〈各國大法官任用資格之比較研究〉，《憲政時代》，第五卷第三期，民國六十九年一月。

8.劉義周，〈司法院大法官會議解釋憲法制度之研究〉，政治大學政治研究所碩士論文，民國六十六年。

(三)政府出版品

1.《監察院公報》，第二三一、四九八、六三一、八二六、八七一、一○六八、一三四三期。

2.監察院實錄編輯委員會編印，《行憲監察院實錄第

一編（一）》，台北：監察院秘書處，民國七十二年六月。

3.《第二屆國民大會第四次臨時會實錄》，台北：國民大會秘書處，民國八十三年十二月。

4.《第二屆國民大會第四次臨時會行使同意權審查會第三次會議至第十二次會議速記錄》（共十冊）。

（以上未列報紙報導及評論文章，請參見各章註釋）

二、英文部分

1.Abraham, Henry J., *Justices and Presidents* (New York : Oxford University Press , 1974).

2.———, *The Judicial Process : An Introductory Analysis of the Courts of the United States, England, and France* (New York : Oxford University Press, 1980).

3.———, *The Judiciary : The Supreme Court in the Governmental Process* (Boston : Allyn and Bacon, Inc., 1983).

4.———, and Bruce Allen Murphy, "The Influence of

Sitting and Retired Justices on Presidential Supreme Court Nominations," *Hastings Constitutional Law Quarterly*, 3 (Winter 1976).

5.Baum, Lawrence, *The Supreme Court* (Washington : Congressional Quarterly Press, 1981 ; 1995).

6.Frankfurter, Felix, "The Supreme Court in the Mirror of Justices," 105 , *University of Pennsylvania Law Review* (1957).

7.Goldman, Sheldon and Thomas P. Jahnige, *The Federal Courts as a Political System* (New York : Harper & Row Publishers , 1976).

8.Harris, P. M. G., "The Social Orgins of American Leaders : The Demographic Foundations," *Perspectives in American History* , 3 (1969).

9.Lodge, Henry Cabot, *Selections from the Correspondence of Theodore Rossevelt and Henry Cabot Lodge, 1884-1918* (New York : Charles Scribner's Sons, 1925) , Vol. II.

10.Mackenzie, G. Calvin, *The Politics of Presidential Appointment* (New York : The Free Press , 1981).

11.McHargue, Daniel S., *Appointments to the Supreme Court of the United States : The Factors that Have Affected Appointments, 1789-1932* (Doctoral Dissertation, Political Science Department, University of California at Los Angeles, 1949).

12.Perry, Barbara A., *A "Representative" Supreme Court ? The Impact of Race, Religion, and Gender on Appointments* (Westport : Greenwood Press, 1991).

13.Rodell, Fred, *Nine Men : A Political History of the Supreme Court from 1790 to 1955* (New York : Random House , 1955).

14.Rohde, David W. and Harold J. Spaeth, *Supreme Court Decision Making* (San Francisco : W. H. Freedom & Co. , 1976).

15.Scigliano, Robert, *The Supreme Court and the Presidency* (New York : The Free Press , 1971).

16.Schmidhauser, John R., *The Supreme Court : Its Politics, Personalities, and Procedures* (New York : Holt, Rinchart and Winston, 1961).

17.Wasby, Stephen L., *The Supreme Court in the Federal Judicial System* (New York : Holt , Rinehart and Winston , 1984).

18.*New York Times*, Nov. 28, 1954 ; Oct. 22, 1971; Oct. 23, 1985.

19.*Congress Quarterly*, vol. 39, No. 52 (Dec. 26, 1981).

文化手邊冊　44

大法官

作　　　者／陳俊榮
出　版　者／揚智文化事業股份有限公司
發　行　人／葉忠賢
總　編　輯／孟　樊
執行編輯／閻富萍
登　記　證／局版北市業字第 1117 號
地　　　址／台北市新生南路三段 88 號 5 樓之 6
電　　　話／(02)2366-0309　236o-0313
傳　　　真／(02)2366-0310
印　　　刷／偉勵彩色印刷股份有限公司
法律顧問／北辰著作權事務所　蕭雄淋律師
初版一刷／1999 年 6 月
定　　　價／新台幣 200 元

南區總經銷／昱泓圖書有限公司
地　　　址／嘉義市通化四街 45 號
電　　　話／(05)231-1949　231-1572
傳　　　真／(05)231-1002

ISBN　957-957-818-012-8
網址：http://www.ycrc.com.tw
E-mail：tn605547@ms6.tisnet.net.tw
※ 本書如有缺頁、破損、裝訂錯誤，請寄回更換 ※

國家圖書館出版品預行編目資料

大法官＝Grand justice／陳俊榮著. - - 初版.
- -臺北市：揚智文化，1999〔民 88〕
面：　公分. - -（文化手邊冊；44）
參考書目：面

　　ISBN　957-818-012-8（平裝）

　　1.法官－比較研究

589.6　　　　　　　　　　　88006182